ଫିକା ବସନ୍ତ

ଫିକା ବସନ୍ତ

କମଳା ପ୍ରସାଦ ମହାପାତ୍ର

ବ୍ଲାକ୍ ଈଗଲ୍ ବୁକ୍ସ
ଭୁବନେଶ୍ୱର, ଓଡ଼ିଶା

BLACK EAGLE BOOKS
Dublin, USA

ଫିକା ବସନ୍ତ / କମଳା ପ୍ରସାଦ ମହାପାତ୍ର

ବ୍ଲାକ୍ ଇଗଲ୍ ବୁକ୍ସ : ଭୁବନେଶ୍ୱର, ଓଡ଼ିଶା ● ଡବଲିନ୍, ଯୁକ୍ତରାଷ୍ଟ୍ର ଆମେରିକା

BLACK EAGLE BOOKS

USA address:
7464 Wisdom Lane
Dublin, OH 43016

India address:
E/312, Trident Galaxy, Kalinga Nagar,
Bhubaneswar-751003, Odisha, India

E-mail: info@blackeaglebooks.org
Website: www.blackeaglebooks.org

First International Edition Published by
BLACK EAGLE BOOKS, 2025

FIKA BASANTA
by **Kamala Prasad Mohapatra**

Copyright © **Kamala Prasad Mohapatra**

All rights reserved. No part of this publication may be reproduced, stored in a retrieval system, or transmitted, in any form or by any means, electronic, mechanical, photocopying, recording or otherwise without the prior permission of the publisher.

Cover & Interior Design: Ezy's Publication

ISBN- 978-1-64560-725-0 (Paperback)

Printed in the United States of America

ସମର୍ପଣ

ପୂର୍ଣ୍ଣମଦଃ ପୂର୍ଣ୍ଣମିଦଂ ପୂର୍ଣ୍ଣାତ୍ ପୂର୍ଣ୍ଣ ମୁଦଚ୍ୟତେ
ପୂର୍ଣ୍ଣସ୍ୟ ପୂର୍ଣ୍ଣମାଦାୟ ପୂର୍ଣ୍ଣମେବ ବସିସ୍ୟତେ ।

ଚିର ଚିନ୍ମୟ ପରମ କାରୁଣିକ ଜଗତର ନାଥ ଜଗନ୍ନାଥଙ୍କ ପଦ ପଙ୍କଜରେ କୋଟି ପ୍ରଣାମ ସହ 'ଫିକା ବସନ୍ତ' ପୁସ୍ତକଟିକୁ ସମର୍ପଣ କରୁଅଛି ।

କମଳା ପ୍ରସାଦ ମହାପାତ୍ର

ସାମାନ୍ୟ କଥନ

ସାହିତ୍ୟ ସମାଜର ଦର୍ପଣ ଏବଂ ସମାଜ ପାଇଁ ଏକ ଆଲୋକ ବର୍ତ୍ତିକା, ସାହିତ୍ୟରେ ସାମାଜିକ ସାଂସ୍କୃତିକ ଆଧ୍ୟାତ୍ମିକ ରାଜନୈତିକ ଅର୍ଥନୈତିକ ମନସ୍ତାତ୍ତ୍ୱିକ ଘଟଣା ପ୍ରବାହ ପ୍ରତିଫଳିତ ହେବା ସହ ବିଦଗ୍ଧ ପାଠକମାନଙ୍କ ମନରେ ଏହା ଏକ ସଚେତନତା ସୃଷ୍ଟି କରିବାରେ ଏକ ଅଗ୍ରଣୀ ଭୂମିକା ଗ୍ରହଣ କରିବାରେ ସଫଳ ହୋଇଥାଏ। ଏତଦ୍‌ବ୍ୟତୀତ ସାହିତ୍ୟ ପାଠକ ଓ ସମାଲୋଚକ ମାନଙ୍କୁ କିଛି ନିର୍ଦ୍ଦିଷ୍ଟ ବାର୍ତ୍ତା ମଧ୍ୟ ପ୍ରଦାନ କରିଥାଏ। ଏହା ପାଠକ ମାନଙ୍କ ମନରୁ ଅଜ୍ଞାନର ଅନ୍ଧକାର ଦୂର କରି ମାନସ ପଟ୍ଟକୁ ବୌଦ୍ଧିକ ଚେତନାର ଆଲୋକରେ ଉଦ୍‌ଭାସିତ କରିଥାଏ।

ପ୍ରଖ୍ୟାତ ଫରାସୀ ସମାଲୋଚକ ହିପୋଲିଟ୍ ଟେନ୍‌ଙ୍କ ମତରେ ତିନି ଗୋଟି ଉପାଦାନର ସମ୍ମିଶ୍ରଣରେ ସାହିତ୍ୟ ସର୍ଜନା ସମ୍ଭବପର ହୋଇଥାଏ। ସେଗୁଡ଼ିକ ହେଲା ଲେଖକ (race) ପରିବେଶ(milieu) ଏବଂ ମୁହୂର୍ତ୍ତ (moment) । ଲେଖକ ପରିବେଶରୁ ସାହିତ୍ୟ ସୃଷ୍ଟି ପାଇଁ ଉପାଦାନ ସଂଗ୍ରହ କରିଥାଏ ଏବଂ ସର୍ଜନଶୀଳ ମୁହୂର୍ତ୍ତରେ ସେହି ଭାବନା ଚିନ୍ତାଧାରା ଅନୁଭବ ଓ ଅନୁଭୂତି ସବୁକୁ ସାହିତ୍ୟରେ ରୂପାନ୍ତରିତ କରିଥାଏ।

ବର୍ତ୍ତମାନ ପ୍ରଶ୍ନଉଠେ ଜଣେ ଲେଖକ ବା ସାହିତ୍ୟିକ କ'ଣ ପାଇଁ ଲେଖେ କାହାପାଇଁ ଲେଖେ। ସେ କ'ଣ କେବେ ପ୍ରଶଂସା ସାଉଁଟିବା ପାଇଁ ବା ସମ୍ବର୍ଦ୍ଧନା, ଉପଢୌକନ ପୁରସ୍କାର ସଂଗ୍ରହ କରିବା ପାଇଁ ଲେଖିବା ପ୍ରକ୍ରିୟା ବା ସାହିତ୍ୟ ସୃଷ୍ଟି

ଜାରି ରଖେ ? ଏଠାରେ ଉତ୍ତର ନିଶ୍ଚିତ ଭାବେ ନାସ୍ତି ବାଚକ ହୋଇଥାଏ। କାରଣ ଏକଦମ୍ ସ୍ପଷ୍ଟ। ସମସ୍ତେ ଜାଣନ୍ତି ଯେ ଜଣେ ଲେଖକ କୌଣସି ଏକ ନିର୍ଦ୍ଦିଷ୍ଟ ପାଠକ ଗୋଷ୍ଠୀ ପାଇଁ ଲେଖେ ନାହିଁ ବା କୌଣସି ପୁରସ୍କାର ବା ସ୍ୱୀକୃତି ପ୍ରାପ୍ତି ଆଶାରେ ଲେଖେ ନାହିଁ। ଜଣେ ଲେଖକ ପାଇଁ ସର୍ଜନ ମନସ୍କତା ଏକ ସ୍ୱାଭାବିକ ପ୍ରକ୍ରିୟା। ପ୍ରସିଦ୍ଧ ଇଂରେଜ ରୋମାଣ୍ଟିକ କବି କିଟ୍‌ସଙ୍କ ଉକ୍ତି ଅନୁସାରେ କବିତା ଜଣେ କବି ମନକୁ ଏକ ସ୍ୱାଭାବକ ପ୍ରକ୍ରିୟାରେ ଆସିଥାଏ ଯେପରିକି ପତ୍ର ସବୁ ସ୍ୱାଭାବିକ ଭାବେ ଗଛକୁ ଆସିଥାନ୍ତି। ଆଉ ଜଣେ ଇଂରେଜ ରୋମାଣ୍ଟିକ କବି ୱାର୍ଡ୍‌ସୱର୍ଥଙ୍କ ମତ ଅନୁସାରେ କବିତା କେତେଗୁଡ଼ିଏ ସକ୍ରିୟ ଅନୁଭବର ସ୍ୱତଃପ୍ରବୃତ୍ତ ପ୍ରବହମାନତା ଯାହାକୁ ଏକ ନିର୍ଜନ ସମୟରେ ସଙ୍ଗଠିତ କରାଯାଏ। ମ୍ୟାଥ୍ୟୁ ଆରନୋଲଡ୍‌ଙ୍କ ମତରେ କବିତା ଜୀବନର ଏକ ସମାଲୋଚନାତ୍ମକ ଦସ୍ତାବିଜ।

ଏହି ମହାନ୍ ସାହିତ୍ୟିକମାନଙ୍କର ମତାମତ ଗୁଡ଼ିକରୁ ଯେଉଁ ନିଷ୍କର୍ଷ ବାହାରେ ତାହା ହେଲା ସାହିତ୍ୟ ଓ ସମକାଳୀନ ସମାଜ ପରିପୂରକ ଏବଂ ସାହିତ୍ୟ ବା କଳାରେ ସାମାଜିକ ଜୀବନ ଦୁଃଖ ସୁଖ ହସ କାନ୍ଦ ବିଜୟ ପରାଜୟ ସଂଘର୍ଷ ସଂଘାତ ସମସ୍ୟା ଜଞ୍ଜାଳ ଇତ୍ୟାଦିର ନିଛକ ପ୍ରତିଛବି ପ୍ରତିଫଳିତ ହୋଇଥାଏ। ସାହିତ୍ୟରେ ସାଧାରଣତଃ ଦୁଇଟି ପ୍ରମୁଖ ଦିଗ ଯଥା-ନାନ୍ଦନିକତା ଓ ନୈତିକତା ଉପଲବ୍ଧି କରିହୁଏ। ଗ୍ରୀକ୍ ଦାର୍ଶନିକ ପ୍ଲାଟୋ ନିଜର ପୁସ୍ତକ 'ରିପବ୍ଲକ'ରେ ସମାଜର ସମସ୍ତ ବର୍ଗର ନାଗରିକ ମାନଙ୍କୁ ସ୍ଥାନିତ କରିଥିବା ବେଳେ ଲେଖକ କଳାକାରମାନଙ୍କୁ ଆଦୌ ସ୍ଥାନ ନଦେଇ ବାସନ୍ଦ କରି କହିଲେ ଯେ କବି ଲେଖକ କଳାକାରମାନେ ସମ୍ପୂର୍ଣ୍ଣ ମିଥ୍ୟାବାଦୀ କଳ୍ପନା ବିଳାସୀ ସୁତରାଂ ସେମାନେ ମୋର ଆଦର୍ଶ ସ୍ଥାନୀୟ 'ରିପବ୍ଲିକ'ରେ ସ୍ଥାନ ପାଇଲେ ଏହା କଳୁଷିତ ହୋଇଯିବ। ସେ ପୁଣି କହିଲେ ଯେ କଳା ବାସ୍ତବତା ଠାରୁ ଦୁଇଗୁଣ ଦୂରରେ ଥାଏ। (Art is twice removed from reality) କିନ୍ତୁ ତାଙ୍କର ପ୍ରିୟ ଶିଷ୍ୟ ଆରିଷ୍ଟଟଲ ପ୍ରଖ୍ୟାତ ଗ୍ରୀକ ଦାର୍ଶନିକ ନିଜ ଗୁରୁ ପ୍ଲାଟୋଙ୍କ ଠାରୁ ଭିନ୍ନ ମତ ପୋଷଣ କରି କହିଲେ କଳା ନିଛକ ବାସ୍ତବତାର ପ୍ରତିଫଳନ ଅଟେ ଏହା କେବେବି ବାସ୍ତବତା ଠାରୁ ଦୁଇଗୁଣ ଦୂରରେ ନଥାଏ। କଳା ସାହିତ୍ୟ ସମାଜର ବାସ୍ତବ ଚିତ୍ରକୁ ପ୍ରତୀକ ଚିତ୍ରକଳ୍ପ ମାଧ୍ୟମରେ ପରିପ୍ରକାଶ କରିଥାଏ। (Art is the manifestation of reality it can never be twice removed from reality)

ଜଣେ ସାହିତ୍ୟିକ ସମକାଳୀନ ସମାଜରେ ନିଜର ଜୀବନଚର୍ଯ୍ୟା ମଧ୍ୟରେ ସାମାଜିକ କର୍ତ୍ତବ୍ୟ ସମ୍ପାଦନ କରିବା ସମୟରେ କେତେକ ଅନୁଭବ ଅନୁଭୂତି, ଅନ୍ୟାୟ, ଅସଙ୍ଗତି,ପ୍ରତିକୂଳ ପରିସ୍ଥିତି ଶୋଷଣ କୁସଂସ୍କାର ବିରୋଧରେ ନିଜ ଲେଖନୀ ମାଧ୍ୟମରେ ସ୍ୱର ଉତ୍ତୋଳନ କରିଥାଏ ଯାହାର କି ଏକ ସୁଦୂର ବିସ୍ତାରି ପ୍ରଭାବ ସମାଜ ଉପରେ ପଡ଼ିବା ଫଳରେ କିଛିଟା ସଂସ୍କାର ଆସିଥାଏ।

ଅନୁରୂପ ଭାବେ ଜୀବନ ଜଞ୍ଜାଳ ତେଲ ଲୁଣ ସଂସାର ସାମାଜିକ ନୈତିକ ଦାୟିତ୍ୱ ନର୍ବାହ କରିବା ବେଳେ କେତେକ ଅନୁଭୂତି ଓ ଅନୁଭବର ପ୍ରତିଫଳନ ହୋଇଛି ମୋର ଏହି କବିତା ସଙ୍କଳନ 'ଫିକା ବସନ୍ତ'ରେ। କବିତାଗୁଡ଼ିକ ନୈତିକତା, ମାନବୀୟ ମୂଲ୍ୟବୋଧ ଓ ସାଙ୍କେତିକ ସଂସ୍କାର ଉପରେ ପର୍ଯ୍ୟବେକ୍ଷିତ, କବିତା ସଙ୍କଳନଟି ପାଠକୀୟ ଆଦୃତି ଲାଭ କଲେ ମୋର ଶ୍ରମ ସାର୍ଥକ ହେବ।

ସର୍ବଶେଷରେ ଏହି କବିତା ସଂକଳନ ପ୍ରକାଶନରେ ମୋର ଧର୍ମ ପତ୍ନୀ ବୈଜୟନ୍ତୀ ମହାପାତ୍ର, ପୁତ୍ର ବିଭୁ ପ୍ରସାଦ, ପୁତ୍ର ବଧୂ ଦୀପନ୍ ଜ୍ୟୋତି, କନ୍ୟା ମୌସୁମୀ, ମୋନାଲିସା, ଜାମାତା ବଦ୍ରୀ ନାରାୟଣ ଅମ୍ବିକା ପ୍ରସାଦ, ନାତି ନାତୁଣୀ ଆଦିତ୍ୟ ପ୍ରସାଦ, ଆୟାଂଶ ପ୍ରସାଦ, ରିତୁପର୍ଣ୍ଣା, ଆକାଂକ୍ଷା, ଶିବାଙ୍ଗୀଙ୍କ ପ୍ରେରଣା ପ୍ରଶଂସନୀୟ ଅଟେ। ଟାଇପିଷ୍ଟ ରାଜୁ ଦାସ ଓ ପ୍ରକାଶକ ବ୍ଲାକ ଇଗଲ ବୁକ୍ସ ଠିକ୍ ସମୟରେ 'ଫିକା ବସନ୍ତ' ପୁସ୍ତକଟିର ପ୍ରକାଶନରେ ପ୍ରମୁଖ ଭୂମିକା ଗ୍ରହଣ କରିଥିବାରୁ ମୁଁ ସେମାନଙ୍କୁ ମୋର ଆନ୍ତରିକ କୃତଜ୍ଞତା ଜ୍ଞାପନ କରୁଅଛି।

ଜୟ ଜଗନ୍ନାଥ!!!

କମଳା ପ୍ରସାଦ ମହାପାତ୍ର

ସୂଚିପତ୍ର

ପ୍ରତୀକ୍ଷା	୧୩
କ୍ରିଷ୍ଣା ଉବାଚ	୧୫
ଆଶାକିରଣ	୧୯
ଶୁଭାଗମନ	୨୨
ସ୍ୱାଗତ କରିବ ତ ?	୨୫
ସୁନାମୀର ଉର୍ଦ୍ଧ୍ୱରେ	୨୮
ବସନ୍ତ ଆସଗୋ	୩୦
ଇନ୍ଦ୍ରଧନୁ	୩୨
ସେଦିନ ମନେ ପଡ଼େ	୩୪
ସ୍ୱପ୍ନ	୩୬
ଯନ୍ତ୍ରଣା	୩୯
ତ୍ରିବେଣୀ ସ୍ନାନ	୪୨
ଅବସର ପରେ	୪୫
ଅନୁଚିନ୍ତା	୪୯
ଗଙ୍ଗାଜଳ	୫୨
ବ୍ୟବଚ୍ଛେଦ	୫୪
ପୁନଃଜନ୍ମ	୫୬
ଜୀବନ ସଂଜ୍ଞା	୫୮
ଜଉଘର	୬୦
ଜୀବନ ସ୍ୱପ୍ନ	୬୨
ଜୀବନ ଜ୍ୟାମିତି ତୁମେ ଜାଣ	୬୪
ଅନୁଭୂତି	୬୬
ଦୁର୍ଗତି ନାଶିନୀ	୬୮
ବିଜୟ ଟୀକା	୭୦
ମୃତ୍ୟୁ କିଏ ଦେଖିଛି	୭୨
ଆଶଙ୍କା କେମିତି	୭୪
ବସନ୍ତ ଆସିଛି	୭୬
ଅପହଞ୍ଚ	୭୯
କେଡ଼େ ଅହଂକାରୀ	୮୧
ସମ୍ପର୍କ	୮୩
ବର୍ଷା ଗୋ ତୁମେ ଆସ	୮୬

ବର୍ଷା	୮୯
ଜନନୀ	୯୨
ମା ମାଟି	୯୫
ଦେଖୁଥିବି ଚିରଦିନ ପାଇଁ	୯୮
ସତ୍ୟଶିବ ସୁନ୍ଦର	୧୦୦
ଭାବନା ଏକ ବର୍ଷଣ ରାତ୍ରୀର	୧୦୩
ମନେପଡ଼େ	୧୦୬
ଫେରିଯାଅ	୧୦୯
ହାରିବ ନିଶ୍ଚୟ	୧୧୧
ଜୀବନ ନୌକା	୧୧୩
ସ୍ୱର୍ଗଦ୍ୱାର କେଉଁଠି	୧୧୫
ଅବ୍ୟକ୍ତ ସ୍ୱର	୧୧୭
ଆଲୋକର ଅନ୍ତରାଳେ	୧୨୦
ବିକଳ୍ପର ଆଢୁଆଳେ	୧୨୨
ନିଭୃତ ଆଳାପ	୧୨୪
କେବେ ସମାଧାନ	୧୨୬
ଜୀବନ ଯେବେ ଥକି ପଡ଼େ	୧୨୮
ସମ୍ପର୍କ କେମିତି	୧୩୦
ଆଉ କେତେଦିନ	୧୩୨
ସମୟ ଯେବେ କଡ଼ ଲେଉଟାଏ	୧୩୪
ଚକ୍ରବ୍ୟୂହ	୧୩୬
ବଟ ବୃକ୍ଷ କହେ	୧୩୮
ନୀଳଜହ୍ନ କେବେ ଥରେ	୧୪୦
ମିଛୁଆ ରାଜା	୧୪୨
ସ୍ତୁତିରେ ସୁଧାର କେବେ	୧୪୫
ସଦ୍‌ବୁଦ୍ଧି ଦିଅ	୧୪୭
ଧୈର୍ଯ୍ୟ ଧରିଛି	୧୫୦
କଞ୍ଚନାରେ ସମାଜ	୧୫୨
ଆଶା ପୂର୍ଣ୍ଣ ହେବା ପରେ	୧୫୪
ତୁମେ କାହିଁ ଅଛ	୧୫୬

ପ୍ରତୀକ୍ଷା

ଅବସୋସ ଅବସାଦର
ନିରନ୍ତର ପଟୁଆରରେ
ଆଶା ଆଶଙ୍କା ଭାର
ଉତ୍କଣ୍ଠା ପିଠିରେ ବୋହି
ମୁଁ ଚାଲୁଥିଲି
ଜୀବନ ରାଜ ରାସ୍ତାରେ
ବୈଶାଖିର ଝାଂଜିକୁ ପିଠି କରି
କାଳ ବୈଶାଖିର
ତାଣ୍ଡବକୁ ସାମ୍ନା କରି
ଖାଲି ପ୍ରତୀକ୍ଷା ଥିଲା
ବୈଶାଖ ପରେ
ଶ୍ରାବଣର ବାରି ଧାରା
ଯାହା ସବୁ ଦୁଃଖର ଦିକି ଦିକି
ଅଧା ଜଳା ପାଉଁଶ ଗଦାକୁ
ଧସେଇ ପଶି
କରିବ ନିର୍ବାପିତ

ପ୍ରଚଣ୍ଡ ନିଦାଘ
ଅଶରୀରୀ ଆତ୍ମାକୁ
ଗୁଣିଆ ହୋଇ ଝାଡ଼ି ଦେବ
ବିଦା କରି ଦେବ
ନୂତନ ଆଶାର
ସୂର୍ଯ୍ୟଙ୍କ ଲାଲିମା
ଦିଗନ୍ତକୁ ବିସ୍ତାରିତ ହେବ
ଅମା ଅନ୍ଧକାର ଦୂର ହେବ
ଆଲୋକ ଉଦ୍‌ଭାସିତ ହେବ
କୋମଳ ସ୍ପର୍ଶରେ
ମନ ଉଲ୍ଲସିତ ହେବ
ପକ୍ଷୀଙ୍କ କିଚିରି ମିଚିରି ଶବ୍ଦ
ଭରି ଦେବ ନବ ଉନ୍ମାଦନା
ଧରଣୀ ହେବ ଶସ୍ୟ ଶ୍ୟାମଳା
ସମୟ ଆବର୍ତ୍ତନରେ
ଫଗୁଣ ହସିବ
ପ୍ରଜାପତି ରଙ୍ଗ
ବର୍ଣ୍ଣାଳୀ ରଚିବ
ବସନ୍ତ ଆସିବ
କୋକିଳ ଗାଇବ
ଅବସୋସ ହେବ ଅବସାନ
ଏଇତ ସମୟ ଆବର୍ତ୍ତ ।

କ୍ରିଷ୍ଣା ଉବାଚ

ଅତି ଶ୍ରଦ୍ଧାରେ ଆପଣାର କରି
କେତେ କଥା ତ କହିଯାଅ
କାହିଁ ତୁମର ସେ ସ୍ନେହ ?
ଦୟା ମମତା ତ୍ୟାଗ ତିତିକ୍ଷା ?
କ୍ରିଷ୍ଣା କ୍ରିଷ୍ଣା ଡାକି ମୋତେ
କେତେ ବହଲାଇ ନିଅ
ହେ କେଶବ ! କେବେ ଥରେ ଭାବିଛ
ଏ କ୍ରିଷ୍ଣାର ଦୁଃଖ ଅବଶୋଷ ?
ଜନ୍ମ ଠାରୁ ଆଜି ପର୍ଯ୍ୟନ୍ତ ମୋର କଷଣ
ଯଜ୍ଞ କୁଣ୍ଡରୁ ଜାତ ହୋଇ
ହେଲି ଯାଜ୍ଞସେନୀ
ଜାଣେ ନାହିଁ ପିତାଙ୍କର କ'ଣ ଯେ ଆଶା
ସବୁବେଳେ ଥାଏ ମୋ ଭରସା
ଅମା ଅନ୍ଧକାର ଏଡ଼ାଇ
ଆଶା ଆଶଙ୍କାର ହେବ
ଦିନେ ନିଶ୍ଚେ ଅବସାନ
କୁନ୍ତୀ ମାତାଙ୍କ ନିର୍ଦ୍ଦେଶ

କଲି ଶିରୋଧାର୍ଯ୍ୟ
ବରିଲି ପତି ରୂପେ ପଞ୍ଚ ପାଣ୍ଡବଙ୍କୁ
ଠିକ୍ ଭୁଲର ହିସାବ
କରି ନାହିଁ କେବେ
ହେଲି ଏକ ବିଡ଼ମ୍ବନା
ମଥା ପାତି ସହି ଅଛି ଭବିତବ୍ୟ ଯାହା
ଦ୍ୟୁତ କ୍ରିଡ଼ାରେ ମୋତେ
ଲଗା ହେଲା ବାଜି
ମାତ୍ର ତୁମେ ଉଦାସୀନ
ସବୁ ହାରି ସାରି ମଧ୍ୟ
ଧର୍ମରାଜ ଭ୍ରମିହେଲେ
ପେଶାଦାର ଜୁଆଡ଼ି
କୁରୁବଂଶ କୁଳବଧୂ
ହେଲା ବିବସନା
ଭାରି କୁରୁସଭା
ଗୁରୁଜନ ପାରିଷଦ ଆଗେ
ମୋର ହେ କୃଷ୍ଣ ! ହେ କେଶବ !
ଆକୁଳ ଡାକରେ
ତୁମେ ହେଲ ସଚେତନ
ଉଦାର ହୃଦୟେ
କୋଟି ବସ୍ତ୍ର କଲ ଦାନ
ରଖିବାକୁ ତବ ଭଗିନୀର ମାନ
ଦ୍ୱାପର କୁରୁକ୍ଷେତ୍ର ହେ କେଶବ !
ଆଜି ମଧ୍ୟ ଛତ୍ରେ ଛତ୍ରେ ଉପଲବ୍ଧ ଏଠି
ଆଜି ମଧ୍ୟ ସଞ୍ଜୟର ଦିବ୍ୟ ଚକ୍ଷୁ
ହୋଇ ଚକ୍ଷୁଷ୍ମାନ୍
ଦେଖେ ସବୁ

ଅନ୍ୟାୟ ଅନୀତି
ଭ୍ରଷ୍ଟଚାର ବ୍ୟଭିଚାର
କେତେ ଯେ ଶକୁନୀ ବେଢ଼ିଛନ୍ତି
ମଧୁମକ୍ଷୀକା ପ୍ରାୟ
ଫେଣା ଚତୁଃପାର୍ଶ୍ଵ
କେତେ ଦୁର୍ଯ୍ୟୋଧନ
ଆଜି କ୍ଷମତା ଅଳିନ୍ଦେ
ଅହଂକାର ଗର୍ବ ମଦମତ୍ତ ହୋଇ
କେତେ ଯେ ଉତାଉଳା
ବରିବାକୁ ଅଭିଶାପ
କରିବାକୁ ଅସମ୍ମାନ
ନିଜ ଗୁରୁଜନେ
କେତେ ଯେ ଅସହାୟ ନାରୀଙ୍କର
ଆକୁଳ ଚିତ୍କାର
ଘନ ଘୋର ଜଙ୍ଗଲ
ଅବା ନଦୀପଠା
ଶୁନ୍‌ଶାନ୍ ପ୍ରାନ୍ତର
ଯେବେ ହୁଅନ୍ତି ବିବସନା ଅବା
ଅନୈତିକ ସମ୍ଭୋଗ ଶିକାର
ସ୍ଵାମୀ ଆଜି ନପୁଂସକ
ଚନ୍ଦ୍ରସେଣା ପ୍ରାୟ
ଆକଣ୍ଠ ମଦ୍ୟପାନ ପରେ
ସ୍ଵାମୀତ୍ଵ ଜାହିର କରେ
ଅର୍ଥ ଉପାର୍ଜନ ଅନ୍ୟାୟ ମାର୍ଗରେ
ଅସହାୟ ପତ୍ନୀ ଆଜି ଅନସୂୟା ପରି
ସ୍ଵାମୀ ଖୁସି ତାର ମସ୍ତକରେ ବହି
ଦ୍ଵିଧା କରେ ନାହିଁ

ହେବାକୁ ଶଯ୍ୟାସଙ୍ଗିନୀ
କେଉଁ ଲମ୍ପଟ ସାହୁକାରର
ପିତାମହ ଭୀଷ୍ମ
ଆଜି ଲାଚାର ବେବଶ
ଧୃତରାଷ୍ଟ୍ର ଅନ୍ଧ ପୁତ୍ର ମୋହେ ଏଠି
ଆଜି ବଶୀଭୂତ
ଶତ ପୁତ୍ରର ଜନନୀ ଗାନ୍ଧାରୀ
ଆଜି ଅଭିଶପ୍ତା ଏଠି
ସ୍ୱାମୀ ସହ ମିଶି କରନ୍ତି
କେବଳ ଭାଗ୍ୟନିନ୍ଦା
ବିଳାପ ଯେ ସାର
ହେ କେଶବ! ହେ କୃଷ୍ଣ!
ହେ ମଧୁସୂଦନ! କୁହ କେବେ
ହେବ ପାପର ବିନାଶ
ଦୁଶାସନ ମାନଙ୍କର
ଭୁଜା ଉତ୍ପାଟନ
ଦୁର୍ଯ୍ୟୋଧନ ମାନଙ୍କର
ଉନ୍ମତ୍ତ ଜାନୁ ଭଗ୍ନ
କେବେ ନାରୀ ଲଭିବ ଆତ୍ମ ସମ୍ମାନ
କେବେ ସେ ପାଇବ
ଜାୟା ଜନନୀ ଭଗିନୀର ମାନ
ସ୍ୱାମୀଟିର ହେବ ଉପଲବ୍ଧି
ମୋ ପତ୍ନୀ ମୋ ଆତ୍ମ ସମ୍ମାନ
ମୋ ବଂଶର କୁଳବଧୂ
ଅକ୍ଷୁର୍ଣ୍ଣ ରଖିବି ମର୍ଯ୍ୟାଦା ତା ଅମଳିନ ମାନ ।

■

ଆଶାକିରଣ

ଫାଇଲିନ୍, ଫନି, ବାତ୍ୟା ତାଣ୍ଡବରେ
ଭୟାତୁରା ଅନ୍ତସତ୍ତ୍ୱା ଜନନୀ
ପ୍ରସବ ବେଦନା ସହି
ସ୍ୱାଭାବିକ ଆଶଙ୍କାଗ୍ରସ୍ତ
ଜନ୍ମ ପୂର୍ବରୁ
ସନ୍ତାନ ନିରାପତ୍ତା ନେଇ
ମାତା ଉଦ୍‌ବିଗ୍ନ
କିଏ ଜାଣେ କ'ଣ ହେବ
ତାର ଭବିଷ୍ୟତ ?
ଭଲ ମଣିଷ ହେବ
ସମାଜ ସଙ୍ଗଠକ
ସଂସ୍କାରୀ ହେବ
ନା କ୍ରାନ୍ତିକାରୀ ଆତଙ୍କବାଦୀ
ମାଓବାଦୀ ହେବ ?
ଭ୍ରଷ୍ଟାଚାରୀ ଦୁର୍ନୀତିଖୋର
ଧର୍ଷଣକାରୀ ହେବ ନାହିଁ ତ ?

ଆଶା ଆଶଙ୍କାର ଲୁଚକାଳି
ଆବିର୍ଭୂତ ନବଜାତକ
ପ୍ରତୀକ୍ଷାର ପୂର୍ଣ୍ଣଚ୍ଛେଦ ପକାଇ
ଖିଲ ଖିଲ ହସ
କରି ଦିଏ ଜଡ଼ସଡ଼
ଏକ ଦାମ୍ଭିକ କାପାଳିକ
ଅତୀତର ଭୟାନକ ଭୂତକୁ
ଘଉଡ଼ାଇ ଦିଏ
ମନ୍ତୁରା ପାଚିଲା ବେତ
ରୂପାବେଷ୍ଟ ଚାମର ଲାଲ ମନ୍ଦାରରେ

କଅଁଳା ବାଛୁରୀ ପରି ନୂଆ ବର୍ଷ
କୁଦା ମାରି ଡେଇଁ ପଡ଼େ
ଦିଗ୍‌ବଳୟ ଧୂମ୍ରାଭ ବୁକୁ ଚିରି
ଅର୍ଜ୍ଜୁନଙ୍କ ବ୍ରହ୍ମାସ୍ତ୍ର ପରି
କୁହୁଡ଼ି ନେସା ଝର୍କା
କାଚ ଫାଙ୍କ ଦେଇ
ସଭିଙ୍କୁ ଜଗାଉଛି
ନବ ବର୍ଷର ଈଷତ୍ ଲାଲ
ପାଣିଚିଆ ଖରା
ରୂପାକାଠି ଘାସ ଶେଯରେ
କୁନି ପିଲା ପରି ଶୋଇଥିବା
ଶିଶିର ବିନ୍ଦୁ ସହ
ଲୁଚକାଳି ଖେଳେ
ପକ୍ଷୀଙ୍କ ଡେଣାର ଆଟୋପ
ମଖମଲି ରଙ୍ଗ
ଲମ୍ପଟ ପ୍ରଜାପତି ଚଗଲାମି

ଫୁଲ ବଗିଚା ଅପୂର୍ବ ବର୍ଣ୍ଣାଳୀ
ପୌଷ ମାସ ଶୀତୁଆ ସକାଳ
ଶିରୀ ଶିରୀ ବାଆ
ନରମ ମୋଲାୟମ ଶଯ୍ୟା
ଉଷୁମ୍ କମ୍ବଳ
ଶଯ୍ୟା ଛାଡ଼ିଥିବା ଭ୍ରମଣକାରୀ
ଟିଉସନ୍ ଯାଉଥିବା ବିଦ୍ୟାର୍ଥୀ
ସଭିଙ୍କୁ ସାନ୍ତ୍ୱନା ଦେଉଛି
ଆଉ କହୁଛି
ଧୈର୍ଯ୍ୟ ଧର ଭୟନାହିଁ
ଅଛି ଶୁଭ ସମ୍ବାଦ
ମୁଁ ଆଣିଛି ସ୍ୱାଧୀନତା ବର୍ଷ
ସ୍ୱପ୍ନ ଶତବାର୍ଷିକୀ ସମ୍ଭାବନା
ଅସ୍ମିତାର ପରିଭାଷା
ଅନିବାର୍ଯ୍ୟ ପରିବର୍ତ୍ତନ
ଅତୀତର ଗଳିତ ଶବ
ଅସ୍ଥି କଙ୍କାଳକୁ ସଂଗ୍ରହାଳୟ ନିଅ
ଐତିହାସିକ ତାତ୍ପର୍ଯ୍ୟ ସବୁ
ରଖ ଅଭିଲେଖାଗାରେ
ନୂତନ ପିଢ଼ି ଗୋଚରାର୍ଥେ
ପୂର୍ବ ବର୍ଷ ଫସିଲ୍ ଉପରେ
ଠିଆ କର ନୂଆ ପିରାମିଡ଼୍
ସଗର୍ବେ କୁହ
ଆଜି କିଛି ନୂଆ ହେବ
ବିଦ୍ୟମାନ ଆଶାର କିରଣ ।

ଶୁଭାଗମନ

ଆରମ୍ଭର ଶେଷ ଥାଏ
ଆଦ୍ୟର ଅନ୍ତ ଥାଏ
ଜନ୍ମ ପରେ ମୃତ୍ୟୁ ଥାଏ
ସମୟ ଚକ
ଘୁରୁଥାଏ ଅବିଶ୍ରାନ୍ତ
ସୁଖ ଦୁଃଖ ନୂଆ ପୁରୁଣା
ଅତୀତ ବର୍ତ୍ତମାନକୁ
ଫେଣ୍ଟାଫେଣ୍ଟି କରି
କୁହାଯାଏ ବର୍ତ୍ତମାନ
ଅତୀତ ସମୟ
ଭବିଷ୍ୟତରେ ବିଦ୍ୟମାନ।

ତେବେ କ'ଣ ପାଇଁ ଆବେଗ
ଉଲ୍ଲାସ ଆନନ୍ଦ ଆୟୋଜନ
ସମୟ କୁହୁକ ଛଡ଼ିରେ
ସବୁ ଫେଣ୍ଟି ଦିଏ
କକ୍‌ଟେଲ କରିଦିଏ
ନିଅନ ଆଲୋକ ଛାତ ତଳ
ତାରକା ହୋଟେଲ
ବନ୍ଦ କୋଠରୀ

କେତେ ଆକର୍ଷଣ ଉତ୍ସାହ
କେହି ଜଣେ ଆସିବେ
ତେବେ ସେ କିଏ ?
ଏରିଗେରି ନୁହେଁ
ଅତି ଆପଣାର
ସେଥିପାଇଁ ତ...
ଏତେ କଥା
କିଏ କଣ ଭାବୁଛି
ମୁଁ ଜାଣେ ତୁମେ ଆସିବ
କେତେ ବର୍ଷ ବିତିଗଲା
ମୁଁ କଣ କେଜାଣି
ମନେ ପଡ଼େ ନାହିଁ ?

ଶୁଭ୍ରା ! ସବୁ ଆୟୋଜନ
ଅଲୋଡ଼ା ଅସାର
ମନେ ଅଛି ନା
ତୁମେ କହିଥିଲ
ନିଶ୍ଚୟ ଆସିବ
ମନ ଭରି ଯିବ
କେବେନା କେବେ
କେଉଁଠି ନା କେଉଁଠି
ଭାବିବ ହାରିଛ
ନା ଜିତିଛ କିପରି
ହିସାବ ନିକାଶ
ସମୟ ଉପଗତ
ଥରେ ତ ଆସିଯାଅ
ତୁମ ଅଭିମାନ

ସବୁ କାକରବିନ୍ଦୁ
ପ୍ରେମ କିରଣ
ପିଗୁଳେଇ ଦେବ
ଗୋଲାପ କଢ଼ି
ଦାଉଦାଉ ଦିଶିଲାଣି
ହଳଦୀ ବସନ୍ତ ଆସୁଛି
କେବଳ ତୁମେ ଆସିବ
ତୁମକୁ ଅପେକ୍ଷା ।

■

ସ୍ୱାଗତ କରିବ ତ ?

ଆତସ ବାଜି, ଡିଜେ ଆସର ବଫେ ଡିନର
ଜିରୋ ନାଇଟ ଅପେକ୍ଷା
ଆଶା ଆଶଙ୍କାରେ ଜର୍ଜରିତ
ଅନ୍ତଃସତ୍ତ୍ୱା ଧରିତ୍ରୀ ।

ବିଗତ ଦିନ କ୍ଷତ ସବୁ
ଚିଟ୍ ଫଣ୍ଡ, ଖଣି ଦୁର୍ନିତି
ଆବଣ୍ଟନ ଘୋଟାଲା
ମନରୁ ପାଶୋର ଯିବା
ଅସହଜ ଥିବାବେଳେ
ପୁଣି ନୂତନ ଅତିଥିଙ୍କ ଆଗମନ
ଅନେକ ସ୍ୱପ୍ନ
ଅନେକ ସମ୍ଭାବନା
କେତେ ଉଲ୍ଲାସ
କେତେ ଉନ୍ମାଦନା
କଥାରେ ଅଛି

ଅତୀତ ଗତାୟୁ
ଭବିଷ୍ୟତ ଅନିଶ୍ଚିତ
ବର୍ତ୍ତମାନ ହିଁ ସତ୍ୟ
ତେବେ କ'ଣ ପାଇଁ
ଆଜି ଏତେ ଆବେଗ
ସେଇ ଅନାଗତ
ଭବିଷ୍ୟତ ପାଇଁ ?

ପ୍ରତ୍ୟେକ ରଜନୀ
ନୂତନ ପ୍ରଭାତର
ପ୍ରତୀକ୍ଷା କରିଥାଏ
ଡିସେମ୍ବର ମାସ
ଅନ୍ତିମ ରଜନୀର ସ୍ୱାତନ୍ତ୍ର୍ୟ
ନିଆରା ବାସ୍ନା
ଅପେକ୍ଷା କରିବା ଉତ୍କଣ୍ଠା
ଅବଗଣନା ପୁଲକ, ଶିହରଣ
ଷାଠିଏ ସେକେଣ୍ଡ ପରି ସମାପ୍ତି
ଜିରୋ ନାଇଟ୍ ଉଲ୍ଲାସ
ବାଣ, ରୋଷଣୀ, ଡିଜେ, ଡିସ୍କୋ
ଆଉ ତା ପରେ...
ନୂତନ ବର୍ଷ ନୂତନ ସ୍ୱପ୍ନ
ଶୁଭେଚ୍ଛାର ସୁନାମୀ
ଲାଲ୍ ଟୁକ୍ ଟୁକ୍ ଓଠ ମେଲାଇ
ଆବିର୍ଭୁତ ଧରିତ୍ରୀ ପୃଷ୍ଠରେ
ସତେକଣ ଦେବଦୂତ ?
ଉଷ୍ମ ଆଲିଙ୍ଗନ ଅସୀମ ରୋମାଞ୍ଚ
ତ୍ୟାଗ କରିଥିବା ନାରୀଙ୍କୁ

ସତେ ଯେମିତି କହୁଛି,
ସ୍ୱପ୍ନ ସୌଦାଗର
କଣ ସ୍ୱାଗତ କରିବ ନାହିଁ ?

ସୁନାମୀର ଉର୍ଦ୍ଧ୍ୱରେ

ମୋର ଅସହାୟ ବେବଶ ଛବିକୁ
ଆଇନାରେ ଦେଖିଲେ
ଭାରି ଦୟା ଲାଗେ
ଗାଁ ଦାଣ୍ଡ ପିଣ୍ଡାରେ ବସି
ଚାଳ ଉପରେ କୁଣ୍ଡଳୀ କାଟୁଥିବା
ଅସମ୍ପୂର୍ଣ୍ଣ ସ୍ୱପ୍ନ ମାନଙ୍କର ଧୁଆଁ ଦେଖିଲେ
ମନେ ପଡ଼ନ୍ତି ମୋର
ସଞ୍ଜୟ ଓ ଟାଇରେସସ୍
ଆଉ ଚନ୍ଦ୍ରଶେଣା, ବୃହନ୍ନଳା ଓ ଶିଖଣ୍ଡୀ ମାନେ
ଉଦ୍‌ଭ୍ରାନ୍ତ ଅତୀତ
ଅସ୍ତଗାମୀ ସୂର୍ଯ୍ୟ ପରି
ଲାଲିମାରେ ଆଲୋକିତ କରେ ।

ମୋର ଛିନ୍ନ ଡାଏରୀର ପୃଷ୍ଠା
ଗାନ୍ଧୀ ଗୋପବନ୍ଧୁଙ୍କ ଆତ୍ମା
ଦେବଲୋକକୁ ଗଲେ
ନା ଯମ ଲୋକକୁ ଗଲେ
ମୁଁ ଜାଣେନା ଜୁଆଡ଼େ ଯାଆନ୍ତୁ

ଶ୍ମଶାନରେ ତାଙ୍କ ଜୁଇ ଲାଗିଥିବା
ଛ ଫୁଟ ଜାଗାରେ
ଘାସ ଅରମା ହେଲାଣି
କାହିଁ କେତେ ଦିନ ହେବ
ସେମାନେ ମରି ଗଲେଣି
ଦିବଙ୍ଗତ ହେଲେଣି
ତାଙ୍କ ଆତ୍ମା ସବୁ ଭୂତ ହୋଇ
ମକର ସଂକ୍ରାନ୍ତି ଗୁଡ଼ି ପରି
ଚାରିଆଡ଼େ ବୁଲୁଛନ୍ତି
ସମୟର ବାଲୁକା ଶଯ୍ୟାରେ
ସମୁଦ୍ର କଙ୍କଡ଼ା ପରି ପାଦ ଚିହ୍ନ
ଆଜି ବି ରହିଛି ଆଉ ରହିଥିବ
ଦୁର୍ନୀତି ଅପସଂସ୍କୃତି ସୁନାମୀର ଊର୍ଦ୍ଧ୍ୱରେ ।

■

ଆସଗୋ ବସନ୍ତ

ଆସ ଆସ ଗୋ ବସନ୍ତ ରାଣୀ
କାହିଁଥିଲ ଏତେ ଡେରି କଲ
ଏତେ ଡେରି କଲ କାହିଁ ପାଇଁ
ତୁମ ରୂପର ସମ୍ଭାର ଆଉ ତୁମ ଅଭିସାର
ହୃତ୍‌କମ୍ପ ସୃଷ୍ଟି କରେ ସବୁରି ବକ୍ଷରେ

ଏପର୍ଯ୍ୟନ୍ତ ଭୁଲି ନାହିଁ ବିଦୀର୍ଣ୍ଣ ବସୁଧା
କଚ୍ଛ୍ ଆଉ ଭୁଜ୍‌ର ସେ ଭୂକମ୍ପନ
ସେ ବୀଭତ୍ସ ଦୃଶ୍ୟ ଆଉ ମୃତ୍ୟୁର ତାଣ୍ଡବ
ତୁମର ଧୀର ସମୀର ଚୂତ ବୃକ୍ଷେ ବହି
ସୁଗନ୍ଧ ବକୁଳେ କରେ ଆଲିଙ୍ଗନ
ସତେ ଅବା ପ୍ରେମିକା
ଲୋଟି ଯାଏ ପ୍ରେମିକ ବକ୍ଷରେ
ଶୁଣିବାକୁ ପ୍ରତିଟି ସ୍ପନ୍ଦନ
ଆଉ ମାପିବାକୁ କେତେ ଆଲୋଡ଼ନ
ତୁମ କୋକିଳର କୁହୁତାନ ଆଉ ମନ୍ଦ ମଳୟ
ଆଣିଦିଏ ଶିହରଣ ସତ...

କିନ୍ତୁ କୁହ ଦୂର କରି ପାରିବକି ମାନବ ଦୁର୍ଦ୍ଦଶା ?
ନୂତନ ଶତାବ୍ଦୀର ଆଗୋ ପହିଲି ବସନ୍ତ
କରିକି ପାରିବ ତୁମେ ଭୀଷ୍ମ ପ୍ରତିଜ୍ଞା ?
ଦେଇକି ପାରିବ ତୁମେ ପ୍ରତିଶ୍ରୁତି
ତୁମ ରାଜଦ୍ୱର ପ୍ରତିଟି ସୂର୍ଯ୍ୟ
ଆଣିବେ ନୂତନ ଆଶା ଆଉ କରିବେ
ନୂତନ ଦିଗନ୍ତର ଉନ୍ମୋଳନ

ତୁମ କେମୋଥେରାପି
ଦୁର୍ନୀତି, ହିଂସା ଓ ଭ୍ରଷ୍ଟାଚାର ରୂପି
କ୍ୟାନ୍ସର କରି ପାରିବକି ଅବସାନ
ହୋଇ କି ପାରିବ ତୁମେ
ଶାନ୍ତିର ଭଗୀରଥ
ଅବା କୋଣାର୍କର ଧର୍ମପଦ ?
କରାଇ ପାରିବ ତୁମେ
ଚଣ୍ଡାଶୋକେ ଧର୍ମାଶୋକ ?
ରହିବେ ନାହିଁ ଏ ଦେଶେ
ଦୁର୍ନୀତି ଖୋର ଭ୍ରଷ୍ଟାଚାରୀ

ହୋଇକି ପାରିବ ତୁମେ ହନୁମାନ
ଦେଇକି ପାରିବ ଲକ୍ଷ୍ମଣଙ୍କୁ ପୁନଃ ଜନ୍ମ ?
ଫେରାଇ ପାରିବ କି ତୁମେ ଭ୍ରାତୃ ସ୍ନେହ ?
ପାର ଯଦି ତୁମେ
ଲେପି ଦିଅ ଗନ୍ଧମାର୍ଦ୍ଦନର ବିଶଲ୍ୟ କରଣୀ
ଉପଶମ କରିଦିଅ ଯେତେ ସବୁ କ୍ଷତ

ସକଳ ହୃଦୟେ ଭରିଦିଅ
ବିଶ୍ୱପ୍ରେମର ଭାବାବେଗ
ମଣିଷ ଦେଖାଉ ମଣିଷ ପଣିଆ
ନିର୍ବାପିତ କର କାମନାର ଲେଲିହାନ ଶିଖା
ପ୍ରଜ୍ୱଳିତ କର ପ୍ରେମ ବହ୍ନି, ସବୁରି ପ୍ରାଣରେ
ତେବେ ମୁଁ କହିବି ଆସଗୋ ବସନ୍ତ
ସ୍ୱାଗତମ୍ ! ସ୍ୱାଗତମ୍ !! ସ୍ୱାଗତମ୍ !!!

ଇନ୍ଦ୍ରଧନୁ

ଅନେକ ପ୍ରତୀକ୍ଷାର ଅନ୍ତ
ଆଜି ସଭିଏଁ ଆଶ୍ୱସ୍ତ
ଆକାଶର ନୀଳିମା
ଆଜି ନୁହେଁ ଦୃଶ୍ୟ ମାନ
ଘନ କଳା ବାଦଲର ଆସ୍ତରଣ
ଉଦ୍ରେକ କରେ ଆଶା ଆଶଙ୍କା
ପ୍ରଚଣ୍ଡ ରୌଦ୍ର ତାପ ଜର୍ଜରିତ
ଧରା ବକ୍ଷକୁ କରିବ କି ଜଳାସିକ୍ତ

ସତରେ ମଣିଷ ଆଜି
କେତେ ନିର୍ଦ୍ଦୟ ଗ୍ରୀଷ୍ମ ଋତୁ ପରି ?
ଟିକିଏ ଆହା ଚେନାଏ ହସ
ଆଜି କେତେ ଦୁର୍ଲଭ ?
ଜୀବନ ଜଞ୍ଜାଳ ଇନ୍ଦ୍ରଜାଲ
କରେ ଜଡ଼ ସଢ଼
ଖାଲି ବ୍ୟସ୍ତ ବଜାୟ ରଖିବାକୁ
ସାମାଜିକ ସ୍ଥିତି ସୁନାମ
ଭ୍ରୂକ୍ଷେପ ନାହିଁ
ମାଧ୍ୟମ ପଛେ ହେଉ ଯାହା
ଖାଲି ଲକ୍ଷ୍ୟସ୍ଥଳ ପାଇଁ

ବ୍ୟାକୁଳ ଆମେ ଅସହିଷ୍ଣୁ
ଅନ୍ୟ ଜଣେ ପ୍ରଗତି କଲେ
ଆମେ ହେଉ ଡହଳ ବିକଳ
ସେତେବେଳେ ଚେତନା ଉଦୟ ହୁଏ
ଜୀବନଚର୍ଯ୍ୟା କେତେ କଠିନ
ବେଳେବେଳେ ଲାଗେ
ବଡ଼ ରଙ୍ଗୀନ, ଉପଭୋଗ୍ୟ
କିନ୍ତୁ ଏ କ'ଣ ?
ଏତ କଣ୍ଟକମୟ, ଦୁର୍ଗମ !

କେବଳ ଅସ୍ରାଏ ବର୍ଷା ପରେ
ଲାଜୁଆ ସୂର୍ଯ୍ୟର କୋଳରେ
ଫୁଲେଇ ଇନ୍ଦ୍ରଧନୁ ଟା
ମେଲି ଦିଏ ସପ୍ତରଙ୍ଗର ପଶରା
ମନରେ ଭରି ଦିଏ
ଅନେକ ଆବେଗ
ଇର୍ଷା ଆଣି ଦିଏ ମନରେ
ଚୁପ୍ କରି କହେ ବ୍ୟସ୍ତ କିଆଁ
ଦେଖିଲତ ଇନ୍ଦ୍ରଧନୁ କେତେ ବିହ୍ୱଳ
ସଙ୍କେତ ଦେଉଛି
କରୁଣାର ବାରି ଅସରନ୍ତି
ପ୍ଲାବିତ କରିବ ଧରା
ଆଉ ପୋଛି ଦେବ
ଯେତେ କୋହ, ଲୁହ
ଦୁଃଖ ଆଉ ଶୋକ।

■

ସେଦିନ ମନେ ପଡ଼େ

ମନେ ପଡ଼େ ସେଦିନ କଥା
କାଲି ପରି ଲାଗେ
ଚାରିଆଡ଼େ ଶୁନ୍‌ଶାନ୍ ଥିଲା
ନଥିଲା ମଳୟ ସମୀର
ନଥିଲା କୋକିଳର କୁହୁ
ଅବା ପକ୍ଷୀର କାକଳି

ମାତ୍ର ମନ ଆକାଶରେ ଥିଲ ତୁମେ
ଦାଉ ଦାଉ ହୋଇ ଚହଟୁ ଥିଲ
ହୃଦୟର ଚୋରା ବାଲିରେ ଭରିଥିଲ ରୋମାଞ୍ଚ
ବାନ୍ଧି ଥିଲ ସେତୁ ସମ୍ପର୍କର
ଭାବିଥିଲି ସେହି ସେତୁର
ମୂଳଦୁଆ ଯଥେଷ୍ଟ ହେବ
ଏକ ଅଟ୍ଟାଳିକା ପାଇଁ ।

ମୁଁ କି ଜାଣି ଥିଲି
ହୃଦୟ ଯମୁନାରେ
ଉଜାଣି ବହିବା ଆଗରୁ
ଆସିଯିବ ଭଟ୍ଟା
ଚୁରମାର କରି ଦେବ

ଅତି ଯତନରେ
ତୋଳିଥିବା ଧୂଳିଘରଟିକୁ
ଅଦିନିଆ ଝଞ୍ଜା
ବାୟା ଚଢ଼େଇର
ବସାକୁ ଛିନ୍‌ଭିନ୍ କଲା
ସନ୍ଦେହର ଖଣ୍ଡିଆ ଭୂତ
ଘାରିଲା ତୁମ ମନକୁ
ମାରିଲ ବଲ୍‌କୁ କିକ୍
ବାଉଣ୍ଡରି ପାର୍ କରିବାକୁ
ମାତ୍ର ହୋଇଗଲା କ୍ୟାଚ୍

ଏବେ ତୁମେ ପ୍ରାୟ
ଦ୍ୱିତୀୟା ତିଥିର
ଶୀର୍ଣ୍ଣ ଜହ୍ନ ପରି
ଦିକ୍ ଦିକ୍ ହୋଇ ଜଳୁଛ
ଉତ୍କଣ୍ଠାର ଜୁଇରେ ।

ଆଉ ଜଳାଉଛ ମୋତେ
ମୁଁ ଜାଣେ ତୁମ ଡେଣା
ଆଜି ବିବର୍ଣ୍ଣ
ନାଁ ସେଥିରେ ଅଛି
ପ୍ରଜାପତିର ରଙ୍ଗ
ନାଁ ଅଛି ମୋଲାଏମ୍ ମଖମଲି ସ୍ପର୍ଶ
ନାଁ ଅଛି ତାରୁଣ୍ୟର ଝଲକ
ଅଛି ଖାଲି ଧୂସର ଅତୀତ ।

■

ସ୍ୱପ୍ନ

ମନେପଡ଼େ ସେଦିନର କଥା
ସୁନେଲି ସ୍ୱପ୍ନରେ
ମୁଁ ବିଭୋର ହୋଇ
ଗଢ଼ିଲି ମୋ
ଆଶାର ତାଜମହଲ
ତୋଳିଲି ମୋ
ସ୍ୱପ୍ନର ଚାରମିନାର

ଭାବିଲି; ଜୀବନକୁ କରିବି
ଏକ ସପ୍ତରଙ୍ଗୀ ଇନ୍ଦ୍ରଧନୁ
ଜୀବନ ଚର୍ଯ୍ୟାରେ ଆଣିବି
ଅଫୁରନ୍ତ ଖୁସି
ଦୁଃଖ ଅବଶୋଷର
କଳା ବାଦଲକୁ ଦେବି ଘଉଡ଼ାଇ
ଇଚ୍ଛା ଥିଲା ହଜିବାକୁ
ବର୍ଷା ଭିଜା ମାଟିର ଗନ୍ଧରେ
ଲୋଟିବାକୁ କାକର ଭିଜା
କଅଁଳ ସବୁଜ ଘାସରେ
ସିନ୍ଦୂରା ଫାଟିବା ବେଳର
କୁଆଁତାରାକୁ ହାତ ଠାରିବାକୁ

ନିର୍ମଳ ଶରତ ଆକାଶର
ବିସ୍ତୀର୍ଣ୍ଣତା ମାପିବାକୁ
ନିଛକ ନୀଳରଙ୍ଗରେ
ହୋଲି ଖେଳିବାକୁ ।

ମନ୍ଦ ମଳୟ ଉପଭୋଗ କରିବାକୁ
ଆଉ ଫୁଲେଇ ଜହ୍ନ ସହ
ଏକାନ୍ତରେ ଆଳାପ କରିବାକୁ
ଦୂର ଦିଗ୍‌ବଳୟରେ
ନିର୍ବାପିତ ସୂର୍ଯ୍ୟର ଉତ୍ତାପ ମାପିବାକୁ
କେତେ ଚେଷ୍ଟା
ମୁଁ କରିଥିଲି ସତେ ?

ଭସା ବାଦଲ ମାନଙ୍କର
ଧୂଆଁ ଓ ବର୍ଣ୍ଣାଳୀ
ଜଗାଇଲେ କେତେ ଯେ ବେପଥୁ
ରିମ୍ ଝିମ୍ ବର୍ଷା
ମୋତେ କଲା ଆତ୍ମହରା
ମାତ୍ର ଏ କ'ଣ ହେଲା ?
ବାସ୍ତବତା ସେତୁବନ୍ଧ ହଲିଗଲା
ଦୁନିଆଁର ଅମୁହାଁ ଦେଉଳ
କାୟା ମେଲାଇଲା
ମୋତେ କଲା ଅଣନିଶ୍ୱାସୀ
କୋଣାର୍କର ମୂର୍ତ୍ତି ଭଳି
ମୁଁ ହେଲି ନିଶ୍ଚଳ
ହାର୍‌ଜିତ ର ଅଙ୍କ କଷା
ମୋତେ ଆଚ୍ଛାଦିତ କଲା
ଦୂରରୁ ଶୁଣାଗଲା

ବୁଭୂକ୍ଷୁର ଆର୍ତ୍ତନାଦ
ଆମ୍ବ କୋଇଲି ଭକ୍ଷ
ଶିଶୁ ସନ୍ତାନ ବିକ୍ରି
ଦୁର୍ନୀତି ଅକ୍ଟୋପସ୍
ଗ୍ରାସିଗଲା ଚାରିଆଡ଼େ
ଦୃଶ୍ୟମାନ ହେଲା
ବିଭତ୍ସତାର ନଗ୍ନ ରୂପ ।

■

ଯନ୍ତ୍ରଣା

ଦୀର୍ଘ ଦଶମାସ
ଜନନୀ ଜଠର
ଅନ୍ଧକାର କୋଠରୀରେ
କିପରି କେଜାଣି
ଅଣନିଶ୍ୱାସୀ ହୋଇ
ଜରାୟୁର ଲାଳରେ ଜଡ଼ସଡ଼ ହୋଇ
ବ୍ୟସ୍ତ ବିବ୍ରତ
ଆକ୍ରାମାକ୍ରା ହୁଏ

କିପରି ଦେଖିବି
ମ୍ଳାନ ଇଲାକାରେ
ଆଲୋକର ପ୍ରଥମ ସୂର୍ଯ୍ୟ
ଆଘ୍ରାଣ କରିବି
ବର୍ଷା ଭିଜା ମାଟିର ସୁଗନ୍ଧ
ଶୁଣିବି ପକ୍ଷୀର କାକଳି
ଉପଭୋଗ କରିବି
ସବୁଜ ଘାସର ଗାଲିଚା
ଆଉ ନଦନଦୀ ପାହାଡ଼
ପର୍ବତର ମାଧୁରିମା ।

ସମୁଦ୍ରର ଉତ୍ତାଳ ତରଙ୍ଗ
ହୃଦୟରେ ସୃଷ୍ଟି ହେବ
ଅସରନ୍ତି ଆନନ୍ଦ ଲହରୀ
ଦିଗ୍‌ବଳୟ ଆର ପାରି
ସ୍ୱପ୍ନ ନୁହେଁ ସାକାର ବାସ୍ତବ
ଦେବ ଅନେକ ପ୍ରେରଣା

ହୋଇଯିବି ଗ୍ରୀକ୍ ବୀର ୟୁଲିସେସ୍
ଆସିବ ଅଦମ୍ୟ ସାହସ
ସଂଘର୍ଷମୟ ମୁହୂର୍ତ୍ତକୁ
ସାମନା କରିବାକୁ
ଅସୀମ ଆତ୍ମ ବିଶ୍ୱାସ ସହ
ବୀର ସୈନିକ ରୂପେ
ମୁକାବିଲା କରିବି
ପ୍ରତ୍ୟେକ ସମସ୍ୟାକୁ
କୋଣାର୍କର ଅନବଦ୍ୟ
କଳାକୃତୀ ପରି
ପ୍ରତ୍ୟେକ ମୁହୂର୍ତ୍ତକୁ
ଗଢ଼ି ତୋଳିବି
ଜୀବନର ରଙ୍ଗୀନ କ୍ୟାନ୍‌ଭାସ୍‌ରେ

ଆତ୍ମ ପ୍ରତ୍ୟୟ ଆଉ ନିଷ୍ଠା
ଜୀବନ ନାଟକରେ
କରି ଦେବ ମୋତେ ସଫଳ ନାୟକ
କେତେ ଆଶାର ଚାରମିନାର
ପୁଲକର ତାଜମହଲ
ସତେ ମୁଁ ଗଢ଼ି ନଥିଲି ? ?
କିନ୍ତୁ ହାଏ !! ଏ କ'ଣ ହେଲା ? ?

ମୁଁ ଭୂମିଷ୍ଠ ହେଲି
କିଛି ସମୟ ଅତିକ୍ରାନ୍ତ ପରେ
ରଙ୍ଗୀନ୍ ଦୁନିଆ
ରଙ୍ଗର ଇନ୍ଦ୍ରଧନୁ ଝଲକ
ଦେଖିବା ପୂର୍ବରୁ
ଜନ୍ମଭୂମିର ଅନାବିଳ ସ୍ନେହର
ସ୍ୱାଦ ଚାଖିବା ପୂର୍ବରୁ
ପ୍ରକୃତିର ସୌନ୍ଦର୍ଯ୍ୟ
ଉପଭୋଗ କରିବା ପୂର୍ବରୁ
ଆତ୍ମୀୟ ସ୍ୱଜନଙ୍କ ସାନ୍ନିଧ
ଲାଭ କରିବା ପୂର୍ବରୁ
ଧୂଳିସାତ୍ ହୋଇଗଲା
ମୋର ସୁନେଲି ସ୍ୱପ୍ନ
ଜୀବନକୁ ଆଚ୍ଛାଦନ କଲା
ଅନିଶ୍ଚିତତାର କଳା ବାଦଲ
ଇର୍ଷା, ହିଂସା, ଦ୍ୱେଷ,
ପରଶ୍ରୀକାତରତାର
କାଳ ବୈଶାଖୀ
ଛିନ୍ ଭିନ୍ କରିଦେଲା
ଆଶାର ସୌଧ
ମୁଁ କେବଳ ଯନ୍ତ୍ରଣାରେ ଛଟପଟ
ମୁଁ ନୁହେଁ ପରାଭୂତ
କେବଳ କରିଛି
ସୁଖ ଶାନ୍ତିର ନୂତନ ଦିଗନ୍ତକୁ
ଘୂର୍ଣ୍ଣାୟମାନ କାଳଚକ୍ର
ଦୁଃଖ ପରେ ସୁଖ ନିଶ୍ଚେ ଆଣି ଦେବ ।

ତ୍ରିବେଣୀ ସ୍ନାନ

ନିରୋଳାରେ ଟେବୁଲ ପାଖରେ
ବସି ଚିନ୍ତନ ମନନ ରୋମନ୍ଥନ
ଅନୁଧ୍ୟାନ କରେ ଅବଗାହନ କରେ
ଆତ୍ମ ଚେତନାର ତ୍ରିବେଣୀରେ
ଭିଜି ଯାଏ ହଜି ଯାଏ ମଜି ଯାଏ
ଶେଷରେ ଦ୍ରବୀଭୂତ ହୁଏ
ଲୀନ ହୋଇଯାଏ
ଲବଣ ଜଳରେ ମିଳାଇବା ପରି

ପରମ ଚେତନା ଗର୍ଭରେ
କେତେବେଳେ କୁଳୁ କୁଳୁ
ପ୍ରବହମାନତାରେ ଭାସେ
ଆଉ ବେଳେବେଳେ ବୁଡ଼େ
ପୁଣି ଆଖି ମଳି ମଳି ଉଠି ପଡ଼େ
ଦୂରରୁ ଦେଖେ ପାହାଡ଼ରୁ
ଝରି ଆସୁଥିବା ଝରଣା

ଦିଗ୍‌ବଳୟର ଲିପଷ୍ଟିକ୍ ମରା ଓଠ
ପକ୍ଷୀମାନଙ୍କର ସିମ୍ଫୋନୀ
ବିଥୋଭେନ୍‌ଙ୍କ ଫିଫ୍‌ଥ୍ ସିମ୍ଫୋନୀ
ସତେ କେଡ଼େ ମଧୁମୟ
ଗୋଧୂଳିର ମନୋରମ ଦୃଶ୍ୟ
ଗାଈମାନଙ୍କର ହମ୍ବା ରଡ଼ି
ଗାଈଆଳ ପିଲାର
ଘର ଲେଉଟାଣି
ପ୍ରେମ ବିରହ ରୋମାଞ୍ଚ
ଫେଣ୍ଟା ଫେଣ୍ଟି ଗୀତ
କେତେ ଦୂରେ ଚାନ୍ଦ
କେତେ ଦୂରେ କୁମୁଦିନୀ
ମହୁଲ ଫୁଲର ବାସ୍ନା
କୃଷ୍ଣଚୂଡ଼ାର ବର୍ଣ୍ଣାଳୀ
କଙ୍କି ପ୍ରଜାପତି ମାନଙ୍କ
ବର୍ଣ୍ଣାଢ଼୍ୟ ଆଟୋପ
ଲୁଚକାଳି ଖେଳ।

ଭରିଦିଏ ମନେ
ଅନେକ ଆବେଗ
ଅସୁମାରି ସ୍ୱପ୍ନ
ଆଣି ଦିଏ ଅତୀତର ସ୍ମୃତି
ଭୁଲି ଯାଏ
ସମାଜର ନିରୁତା ଚିତ୍ର
ରିକ୍ସାବାଲା ବିଷ ପିଇ ଆତ୍ମହତ୍ୟା
କାମବାଲୀ ଉର୍ବସୀର ବଳାତ୍କାର କଥା
ଅବା ପଡ଼ିଶା ଦମ୍ପତିଙ୍କ

ବଚସା ବିବାହ ବିଚ୍ଛେଦ
କୋଟ କେଶ୍ ଆଲିମୋନି
ସବୁର ଉର୍ଦ୍ଧ୍ୱକୁ ଯାଇ
ଉବୁଟୁବୁ ହୁଏ ମୁହିଁ
ପ୍ରାଣ ପ୍ରାଚୁର୍ଯ୍ୟରେ
ଅତି ଆନନ୍ଦରେ ହୁଏ
ଆଶାର ସଞ୍ଚାର
ଗଙ୍ଗୋତ୍ରୀ ଯମୁନୋତ୍ରୀ ସରସ୍ୱତୀ
ନିର୍ମଳ ଜଳ ପ୍ଲାବନ
ବିଶୋଧନ କରେ ମୋର
ମନ ହୃଦୟ ଅନ୍ତରାତ୍ମା ।
ଆତ୍ମା ଶୁଦ୍ଧିକରଣ
ସବୁ ଲାଗେ ଶୁଦ୍ଧପୂତ
ଗ୍ଲାନି ଅବଶୋଷ ଯେତେ
ସବୁ ଆଜି ନିର୍ବାସିତ ।

■

ଅବସର ପରେ

ଜୀବନ ମୃତ୍ୟୁ
ମୋକ୍ଷ୍ୟ ପୁନଃଜନ୍ମ
ଯୋଗଦାନ ଅବସର
ଉଦୟ ଅସ୍ତ
ଦିବସ ରଜନୀ
ଉଜାଗାର ଶୟନ
ସବୁ ମାମୁଲି ସାଧାରଣ କଥା
ନଥାଏ ଏଥିରେ
ବେଶୀ ଗୁରୁତ୍ୱ ସେପରି
ଚାକିରି ଥିବା ସମୟରେ
ମୋତେ ଦାୟିତ୍ୱ
କରିଥାଏ ସଚେତନ
ଉପରିସ୍ଥ ଅଧିକାରୀ ସବୁ
ପସନ୍ଦ କରନ୍ତି
ସାବାସୀ ଦିଅନ୍ତି
ଏବେ ଅବସର ବେଳ

ଆଉ କେତେ ଦିନ କାମ କରିହୁଏ
ଇଞ୍ଜିନ ରେଡ଼ିଏଟର
ଚାପରେ ଗରମ ହେଲେ
ଚାଳକ ଇଞ୍ଜିନ୍‌କୁ
ବିଶ୍ରାମ ଦିଏ ପାଣି ଦିଏ
ଗ୍ରୀଷ୍ମ ଋତୁରେ ଇଲେକ୍‌ଟ୍ରିକ୍
ଟ୍ରାନ୍ସଫର୍ମର ଅତ୍ୟଧିକ ଲୋଡ଼୍
ହେତୁ ବିଶ୍ରାମ ଚାହେଁ
ଲୋଡ଼ସେଡ଼ିଂ ହୁଏ ।

ଅବସର ନେବାର
ବର୍ଷକ ପୂର୍ବରୁ
ପ୍ରସ୍ତୁତ ହେଉଥାଏ
ଧର୍ମପତ୍ନୀଙ୍କ ବରାଦ୍‌ର ଲମ୍ବା ଚିଠା
ଖୋଲିବାକୁ ମନ ବଳେ ନାହିଁ
ଅବସର ପରେ ଏଇଟା ହେବ
ସେଇଟା ହେବ
ଭବିଷ୍ୟନିଧି ଟଙ୍କା କଟିବା
ଚାରି ମାସ ପୂର୍ବରୁ ବନ୍ଦ ହୋଇଗଲା
ଅଧିକ ବେତନ ଆସିଲା
ହିସାବ ରକ୍ଷକ ଜଣାଇଲେ
ଅବସର ନେବା ପାଇଁ

ତାଗିଦା ଆସିଗଲା
ସତେ ଅବା ଚିତ୍ରଗୁପ୍ତ ଠାରୁ
ଶୁଭେଚ୍ଛୁ ମାନଙ୍କ ଉଦ୍‌ବେଗ
ଶେଷକୁ କହିଲେ

ଅବସର ବେଳ ଆସିନାହିଁ
ଗଣନା ଭୁଲ ଅଛି
ସରକାର ନିୟମ କରିବା କଥା
ଦକ୍ଷ କାର୍ଯ୍ୟକ୍ଷମ ଅଧିକାରୀ
ଅପାରଗ ହେବା ଯାଏ
କାର୍ଯ୍ୟାଳୟ ଆସନ୍ତୁ

ମୋ ପାଇଁ ନାହିଁ
ସେପରି ଆଲୋଡ଼ନ
ଭାବିଲି ଅବସର ପରେ
ମୋ ସମୟ ସାରଣୀ
ପ୍ରସ୍ତୁତ କରିବି
କାମ କରିବି
ଭଲ ହେଲା
ବିଶ୍ରାମ ମିଳିବ
ଆଉ ସ୍ୱାଧୀନ ମଧ୍ୟ
ବହୁଦୂର ବହୁ ସମୟ
ଚାଲିଥିବା ଇଞ୍ଜିନ ବା
ଟ୍ରାନ୍ସଫର୍ମର ଭଳି

ବିଦାୟ କାଳୀନ ସଭା ଆୟୋଜନ
ମୁଁ ହୋଇଥାଏ ତୀର୍ଥ କାବା
ଅନେକ ଭାବାବେଗ କୋହଭରା ଅଭିବ୍ୟକ୍ତି
ଫୁଲତୋଡ଼ା, ଉପଢ଼ୌକନ
ପ୍ରଶଂସାର ଅସରନ୍ତି ପେଡ଼ି

ପରେ ଜାଣିଲି
ଏସବୁ ଅଳୀକ

କେବଳ ଜୀବନ୍ତ ଥାଏ
ସମ୍ପର୍କର ଡୋରି
କର୍ତ୍ତବ୍ୟର ଆତ୍ମ ସନ୍ତୁଷ୍ଟି
ପ୍ରଶସ୍ତିର ସ୍ତବକ
ସମୟର ଘୂର୍ଣ୍ଣନରେ
ମ୍ଳାନ ହେବା ପର୍ଯ୍ୟନ୍ତ
ଏକ ଅପରାହ୍ନର
ଗୋଧୂଳି ଲଗ୍ନ ପରି ।

■

ଅନୁଚିନ୍ତା

ସମୟ ଗତିଶୀଳ
କେଉଁ ଏକ ଦ୍ରୁତଗାମୀ
ରେଳ ଇଞ୍ଜିନ ଭଳି
ଧୂଆଁ ଛାଡ଼ି ଛାଡ଼ି
ସମୟର ଚକ୍ର
ଘୂର୍ଣ୍ଣାୟମାନ
ଅପସୃତ ଅନ୍ଧକାର

ରାତ୍ରୀ ପରେ ଆପେ
ଆପେ ଆସି ଯାଏ
ସିନ୍ଦୁରା ଫଟା ସକାଳର ଦୃଶ୍ୟ
ପକ୍ଷୀମାନଙ୍କର
ସ୍ୱପ୍ନ ବିଭୋର
ରାତ୍ରୀର ନିଦ୍ରା ପରେ
ଅଳସ ଭାଙ୍ଗିବାର ଦୃଶ୍ୟ
ଘାସ ଶେଯରେ ଚିକ୍ ଚିକ୍

କାକର ଗାଲିଚାର ଦୃଶ୍ୟ
ବାଲୁତ ସୂର୍ଯ୍ୟର ପଟୁଆର
ଧୀର ମନ୍ଥର ଆଗମନ
ପକ୍ଷୀଙ୍କ କାକଳି
ପ୍ରଜାପତି ଆର୍ଦ୍ଧୋଳି

ନିର୍ଜନ ଦ୍ୱୀପରେ ରଜାପୁଅର
ସ୍ୱପ୍ନ ଅଭିସାର
ଜିଣିବାକୁ ଆଗଭର
ରାଜ କୁମାରୀ ହୃଦୟ ରାଇଜ

ବାଲୁତ ଶିଶୁର କ୍ରନ୍ଦନ
ମା'ଙ୍କର ପିଲାଙ୍କୁ
ତାଗିଦ୍ ହୋମୱାର୍କ ପାଇଁ
ଆକାଶରେ କେତେଖଣ୍ଡ
ବିକ୍ଷିପ୍ତ ପାଉଁଶିଆ ବାଦଲ
ମେଘ ମାଳା ଭ୍ରମ
ଉତ୍ତୁଙ୍ଗ ଅଟ୍ଟାଳିକାମୟ ସହର
ମନ୍ଦିରରେ ଘଣ୍ଟନାଦ
ମନ୍ତ୍ର ଉଚ୍ଚାରଣ
ବେଢ଼ା ପରିକ୍ରମା ହରିବୋଲ ଶବ୍ଦ

ପୁଣି ଗୋଟିଏ ଦିନର ସାରଣୀ
ସଚିବାଳୟ ମୁଖ୍ୟ ଫାଟକ
ସାମନାରେ ଇନ୍‌କିଲାବ୍ ଜିନ୍ଦାବାଦ
ଆମର ଦାବୀ ପୁରଣ ହେବ
ନହେଲେ ନାହିଁ ନିଆଁ ଜଳିବ
ସବୁଆଡ଼େ ପାଇବାର ଆଶା

ତମେ ଦେଖୁନ
ପ୍ରାତଃ କାଳରେ ପାର୍କ ରାଜରାସ୍ତା
କେମିତି ଉଚ୍ଛୁଳି ପଡ଼େ
ସକାଳୁ ଚାଲୁଥିବା
ଲୋକମାନଙ୍କ ଦ୍ୱାରା

ସମସ୍ତେ ଆଞ୍ଜୁଳା ମେଲାଇ ଥାନ୍ତି
ଏକ ନିଆଶ୍ରୀ ଭିକ୍ଷୁକ ଠାଣିରେ
ଆଉ କିଛି ଆୟୁଷ ଆମକୁ ଦିଅ
ଦୁର୍ବାର ଆମ ବଞ୍ଚିବାର ମୋହ
ସାମନ୍ତବାଦ ହାଟରେ ଆମେ
ଜଣେ ଜଣେ ସୌଦାଗର
ଅନୁମତି ଦିଅ ଅନ୍ତତଃ
ଆମ ବେପାର ଚଳାଇବୁ

ମୂଲ୍ୟବୋଧ ଆମର
କେବେଠୁଁ ହଜି ଗଲାଣି
ନୀତି ଅନୀତି ଫରକ ନାହିଁ
ଅଚଳ ସୁଉକି ପରି ପରିତ୍ୟକ୍ତ
ଆମେ ରଖିବୁ ପର୍ଯ୍ୟାପ୍ତ ସମ୍ପତ୍ତି
ସଞ୍ଚିତ ଅର୍ଥ ଦାୟାଦଙ୍କ ପାଇଁ
ଜନ୍ମ ଜନ୍ମାନ୍ତରେ ସୁଖୀ ହେବା ପାଇଁ ।

■

ଗଙ୍ଗାଜଳ

ଦଶମାସ ଦଶଦିନ
ଗର୍ଭଧାରଣ ଯନ୍ତ୍ରଣା
ଅବସାନ ହୁଏ
ଯେବେ ଜନନୀ ଜଠରୁ
ଶିଶୁଟି ଲାଲ ସରସର
ଖସଡ଼ା ହୋଇ ବାହାରି ଆସେ
ଦୂର ଦିଗ୍‌ବଳୟର ଲାଲିମା
ପରିବେଷ୍ଟନୀରୁ
ବାଳ ସୂର୍ଯ୍ୟର ନିତି ଦିନିଆ
ଆଗମନ ପରି

ଜନନୀ ଲଭେ ମାତୃସୁଖ
ଜନ୍ମିଥିବା
ନିରୀହ ନିଷ୍ପାପ ଶିଶୁଟି
କିନ୍ତୁ ହୋଇଯାଏ
ଜୁପ କାଠକୁ ଉତ୍ସର୍ଗ
ହୋଇଥିବା ଏକ ବଳି ଯୋଗ୍ୟ
ଛାଗ ଭଳି ନିଷ୍ପ୍ରଭ ନିସ୍ତେଜ

ଛାଗକୁ ଭଲ ଖୁଆଇ ପିଆଇ
ଯତ୍ନ ନେବା ବେଳେ
ସେ ଥାଏ ଅଜ୍ଞ
କାହିଁ ପାଇଁ ଏତେ ଯତ୍ନ
ସୁନ୍ଦର ଦୁନିଆର
ରଙ୍ଗୀନ ପରିବେଶରେ
ମାତ୍ର କେତୋଟି ଦିନର
ସେ ମେହମାନ୍
ଠିକ୍ ଦିବା ଲୋକରେ
ଯେପରି ଶିଶୁର
ଧୀରେ ଧୀରେ କ୍ଷୟ ହୁଏ ଉଲ୍ଲାସ ଆନନ୍ଦ
ଶିଶୁଟିର ନିରୀହ ଆଚରଣ
ଖୁବ୍ କ୍ଷଣସ୍ଥାୟୀ ଥାଏ
ବଦଳି ଯାଏ ଆଚରଣ

ସଂସାରକୁ ଆସିବା ବେଳେ
ଯେପରି ଥାଏ
ହଜିଯାଏ ଚକ୍ରବ୍ୟୂହରେ
ଆସ୍ତେ ଆସ୍ତେ ସ୍ତବ୍ଧ ହୁଏ
ଏକ ବେଶ୍ୟା ଭଳି
ହତବମ୍ବ ହୁଏ
ପ୍ରତିବିମ୍ବକୁ ଭୟ କରେ
ପ୍ରଶ୍ନ କରେ କଣ ଥିଲି କଣ ହେଲି
ସମାଜରେ କଳୁଷିତ ହେଲି
କିଏ ଦାୟୀ ଏଥି ପାଇଁ ?
ପ୍ରୟାଗର ଗଙ୍ଗାଜଳ ପାରିବକି ଧୋଇ ?

ବ୍ୟବଚ୍ଛେଦ

ନବମ ଶ୍ରେଣୀ
ଅଙ୍କ ବହିରେ ଥିବା
ତୈଳାକ୍ତ ଖୁମ୍ବରେ
ଏକ ମିନିଟରେ
ମର୍କଟ ପାଞ୍ଚଫୁଟ ଚଢ଼ି
ସେହି ସମୟରେ ଛଅ ଫୁଟ
ତଳକୁ ଆସିବା ପରି
ମୋର ଜୀବନ, ଯାହା
ରାଜ ରାସ୍ତାରେ ଯେତିକି ଚାଲୁଛି
ସେତିକି ଝୁଣ୍ଟୁଛି
ପୁଣି ତାଠାରୁ ଅଧିକ
ପଛକୁ ଫେରୁଛି
ଜାଣେନା କୁଆଡ଼େ ଗତି

ଆଗକୁ ଯିବା ବେଳେ
ପାଣ୍ଡୁର ରଙ୍ଗର ବାଦଲ ଭେଳା
ଅନ୍ତଃସତ୍ତ୍ୱା ରମଣୀ ପରି

ଆକାଶର ମେଘ ମାଳା
ମୋତେ ଏକ ଅନିଶ୍ଚିତ
ଭବିଷ୍ୟତର ପାଉତି ଟିଏ
ମତଲବ ସହ
ଦେଖାଉଛନ୍ତି
ସାମ୍‌ନାରେ ହଲାଉଛନ୍ତି
ଲଲିପପ୍ ଭଳି
ତଳକୁ ଖସିଲା ବେଳେ
ତତଲା ପବନ କରେ ଆକ୍ତା ମାକ୍ତା

ମନେହୁଏ ମୁଁ ଅସହାୟ
ଯନ୍ତ୍ରଣାର ଜଉଘରେ
କମାର ଶାଳରେ
ଲୁହା ଆଉଟିଲା ଭଳି
ଅବା ସୁନାରୀ ସୁନାକୁ ଆଉଟି
ଖାଦ ସବୁ ନିଷ୍କାସନ କଲାପରି
ମୁଁ ଖାଲି ଆଉଟି ହେଉଛି
ଅନୁଶୋଚନାରେ ଉତ୍କଣ୍ଠାରେ
ଅବସାଦରେ ବିଷାଦରେ
ସହରର କଣ ମୁଣ୍ଡରେ
ଶ୍ୱାନ ଶୃଗାଳ ମେଳରେ
ପରିତ୍ୟକ୍ତ ବ୍ୟବଚ୍ଛେଦ କୋଠରୀରେ
ରିପୋର୍ଟ ଅପେକ୍ଷାରେ
ଏକ ନିଷ୍ପନ୍ଦ ଶବ ପରି ।

■

ପୁନଃଜନ୍ମ

ଧର୍ମ ନ୍ୟାୟ ବନ୍ଧା ପଡ଼ି
କଳନ୍ତର ନଦେଇପାରି
ଆତ୍ମ ଗ୍ଳାନିରେ ଥିବା ବେଳେ
ଜିହ୍ୱା ସ୍ୱାଧୀନତାର ଅର୍ଥ କଣ ?

ସାଧୁତା ସଚ୍ଚୋଟତା
ଆଜି ପଣ୍ୟଦ୍ରବ୍ୟ
ବର୍ଜ୍ୟବସ୍ତୁ ପରି
ଡଷ୍ଟବିନ୍‌ରେ ପଡ଼େ
ବ୍ୟଙ୍ଗ ଉପହାସର ପାତ୍ର
ସମୃଦ୍ଧିର ମରୀଚିକା
ଆଜି ସମସ୍ତଙ୍କୁ
ରାହୁ ଭଳି ଗ୍ରାସ କରିଛି

ପରୀ ରାଇଜ କଥା ପରି
ରାତା ରାତି ବଡ଼ଲୋକ ହେବା
ଚିନ୍ତାରେ ଆକ୍ରାନ୍ତ
ଡେଙ୍ଗୁ ଆକ୍ରାନ୍ତ ଭଳି

ଚରସ ବ୍ରାଉନ ସୁଗାର
ନିଶା ଭଳି
ସମସ୍ତେ ମୋହାଚ୍ଛନ୍ନ
ବୃଦ୍ଧ ପିତା ମାତାଙ୍କ ପାଇଁ
ଜରାନିବାସ ଠିକ୍
ଆଧୁନିକ ହାୱା ବହିବା ଦିନ ଠାରୁ
ପିଲା ପାଇଁ ଡେ କେୟାର
ବୋର୍ଡ଼ିଂ ସ୍କୁଲ
ମୁଣ୍ଡକୁ ହାତ ପାଇଲେ
କେଜାଣି କେବେ ଖୋଜିବେ
ଜରା ନିବାସ ପିତା ମାତାଙ୍କ ପାଇଁ

ସମୟର ପରିଧିରେ
ଉଧାର ସେରକ ହୁଏ ନାହିଁ ପାଏ
ସବୁବେଳେ ସେରଟିଏ ରହେ
ଆଉ ଆମେ ଖୋଜୁ ପବ୍ ଡିସ୍କୋଥେକ୍
ରିସର୍ଟ ଷ୍ଟାର ହୋଟେଲ
ସାବାସ ଆଧୁନିକତା !
ଯେତେ କହିଲେ କମ୍ ଲାଗେ
ଉପଭୋଗ କରିଯିବା ଏ ଜନ୍ମରେ
ନିର୍ଦ୍ଧଦରେ ନିଶ୍ଚିନ୍ତରେ
ମଦ୍ୟପ ମଦକୁ
ଗ୍ଲାସରୁ ନିଃଶେଷ କଲାଭଳି
କିଏ ଜାଣେ ଆର ଜନ୍ମ କଥା
ପୁଣି କେତେ
ଯାହାକି ଅନିଶ୍ଚିତ ।

ଜୀବନ ସଂଜ୍ଞା

ମୁଁ ଜମାରୁ ପ୍ରସ୍ତୁତ ନଥିଲି
ମୋତେ ତୁମେ ପଚାରିଲ
ଅବାକ୍ କରିଦେଲ
ଆଖିରେ ପ୍ରଶ୍ନିଳ ଛଟା
କୌତୁହଳର ବୁଢ଼ିଆଣୀ ଜାଲ
ଖେଳାଇ ଦେଇ

ସମୁଦ୍ର ଜଳରେ
ତରଙ୍ଗ ସୃଷ୍ଟି କଲା ପରି
ପ୍ରଶ୍ନର ଢେଉ ଆସି
ହୃଦୟ ବେଳାଭୂମିରେ
ଧଡ଼ାସ୍ କିନା ପିଟି ହୋଇଗଲା
ମୋ ସ୍ୱପ୍ନର ତାଜ ମହଲ
ଦୋହଲି ଗଲା
ତନ୍ତ୍ରୀ ସବୁ ଥରିଗଲେ
ସୁନାମୀ ସୃଷ୍ଟି ହେଲା
ବହିଲା କାଲୁଆ ପବନ
ମୋ ଚତୁର୍ଦ୍ଦିଗେ

ମୋତେ କଲା ହଲ୍ ଚଲ୍
କିଛି କ୍ଷଣ ସ୍ତବ୍ଧ ହେଲେ ସଭିଏଁ

ସାବ୍‌ଜା କ୍ଷେତରେ
ମୁଣ୍ଡରେ ପଗଡ଼ି ଭିଡ଼ା କୃଷକ
ଲଙ୍ଗଳର ବୋଝ ବୋହୁଥିବା
କଳା ଧଳା ଯୋଡ଼ି ବଳଦ
ବଗିଚାରେ ଏ ଫୁଲରୁ
ସେ ଫୁଲକୁ ଉଡ଼ି ବୁଲୁଥିବା
ବିଚିତ୍ର ବର୍ଣ୍ଣା ପ୍ରଜାପତି
ବାଡ଼ି ପଟ ସପୁରୀ ବଣରେ
ଅହରହ ରାବୁଥିବା ଡାହୁକ

କିଛି କ୍ଷଣ ପାଇଁ
ମୋ ହୃତ୍ ସ୍ପନ୍ଦନ
ସ୍ତବ୍ଧ ହୋଇଗଲା
ବାଙ୍‌ମୟ ନୀରବତା
ମୋତେ ଅସ୍ଥିର କଲା
ବିବ୍ରତ କଲା
ସ୍ପନ୍ଦନ ପୁଣି ଚାଲୁ ହେଲା
ଜୀବନର ବ୍ୟାପ୍ତି ସତରେ
କେତେ ବ୍ୟାପକ
ଏନ୍ତୁଡ଼ିଶାଳରୁ ଶ୍ମଶାନ ଭୂଇଁ ଯାଏ
ଭୂମିରୁ ଭୂମା ଯାଏ ।

■

ଜଉଘର

ଆଜି ମୁଁ ନିଷ୍ପ୍ରଭ
ଘୁଣ ଗ୍ରସ୍ତ ବୃକ୍ଷ ପରି
ଏକ ପରାଗ ଗ୍ରସ୍ତ
ସୂର୍ଯ୍ୟ ପରି ଅବା
କ୍ଷୟ ଯୁକ୍ତ ଚନ୍ଦ୍ର ପରି ।

ମୁଁ ଆଜି କ୍ଲାନ୍ତ ଅବସନ୍ନ
ହତାଶାର ପାହାଡ଼କୁ
ହନୁମାନଙ୍କ ଗନ୍ଧମାର୍ଦ୍ଦନ ପରି
ସ୍କନ୍ଧରେ ଧାରଣ କରି
ପିଂଜରାର ପକ୍ଷୀ ପରି
ଖୋଜେ ମୁଁ ସ୍ୱାଧୀନତା
ଜଂଜାଳର ଜଉଘରେ ।

ବନ୍ଦୀ ହୋଇ
ଅଣନିଃଶ୍ୱାସୀ ହୋଇ
ଖୋଜେ ମୁଁ ଅମ୍ଳଜାନ
ଏକ ହୃଦ୍‌ରୋଗୀ ପରି
ଶ୍ୱାସ ନେବା ପାଇଁ

ଖୋଜେ ମୁଁ ନେବୁ ଲାଇଜର
ଭେଣ୍ଟିଲେଟର ପେସ୍‌ମେକର
ଅତୀତର ଝାପସା ଅନୁଭୂତି
ମୋତେ ଆକ୍ରାନ୍ତ କରେ
ଡେଙ୍ଗୁ ଚିକନଗୁନିଆ ପରି
ଏକ ପ୍ରେତାତ୍ମା ପରି
ସଂଘର୍ଷ ଦ୍ୱନ୍ଦ୍ୱର ଶିକାର ହୁଏ
ସ୍ୟାଣ୍ଡୱିଚ ଭଳି ଚାପି ହୋଇଯାଏ
ମନ ପ୍ରାଣ ଶରୀର
ଜୀବନ ମୃତ୍ୟୁର
ଅଳିନ୍ଦ ମଧ୍ୟରେ
ଖେଳ ପାଳିଆ କିଶୋର ମାନେ
କୌତୁକ ପ୍ରବଣ ହୋଇ
ମଶା ମାଛିଙ୍କୁ ହାତରେ
ଦଳି ଦେଲା ପରି
ସ୍ରଷ୍ଟା ହସ୍ତରେ
ଜୀବନ ଠିକ୍ ଏକାପରି ।

ଜୀବନ ସ୍ୱପ୍ନ

ମୁଁ ପ୍ରଶ୍ନ କଲି
ତୁମେ ସ୍ୱପ୍ନରେ ତ ସବୁବେଳେ
ବିଭୋର ହୁଅ
କେବେ ସ୍ୱପ୍ନ ଘରର
ଝାଟି ମାଟି କାନ୍ଥ
ସୀମାହୀନ ପ୍ରତୀକ୍ଷାର
ଘୂର୍ଣ୍ଣି ବଳୟରେ
ଆକ୍ରାନ୍ତ ହୋଇ
ଏକ ତାସ୍ ଘର ଭଳି
ଦୁଲ୍ ଦାଲ୍ ପଡ଼ିବାର ଶବ୍ଦ ଶୁଣିଛ ?

ସୁସୁ ବାତ୍ୟା ପବନରେ
ଏକ ମଦ୍ୟପ ଭଳି
ଟଳଟଳ ହେବା
ଲକ୍ଷ୍ୟ କରିଛ
କିଡ୍‌ନୀ ନଷ୍ଟ ହୋଇଥିବା
ଡାୟାଲିସିସ୍‌ରେ ଥିବା

ଏକ ମଧୁମେହ ରୋଗୀ ଭଳି
ପାଣ୍ଡୁର ଦେଖାଯିବା ଲକ୍ଷ୍ୟ କରିଛ ?
ନିଦାଘ ଗ୍ରୀଷ୍ମରେ
ତୃଷାର୍ତ୍ତ ଝାଞ୍ଜି ପବନ
ସ୍ୱପ୍ନର କୋକେଇ ବାନ୍ଧିବା ଦେଖିଛ
ସ୍ୱପ୍ନର ଜୁଇର ଫୁରୁକୁଟିଆ ଗନ୍ଧ
କେବେ ଶୁଙ୍ଘିଛ
ସ୍ୱପ୍ନ ଆଉ ଜୀବନ
ଗୋଟିଏ ମୁଦ୍ରାର
କେବଳ ଦୁଇଟି ପାର୍ଶ୍ୱ
ମାତ୍ର ସବୁ ଯେମିତି ଏକା
କେତେ ସାମଞ୍ଜସ୍ୟ
କିଛି ଫରକ ଲାଗେନି ।

ଜୀବନ ଜ୍ୟାମିତି ତୁମେ ଜାଣ

ଜୀବନର ଅପରିସୀମ
ପରିଧିରେ ହାତରେ
ଡିଭାଇଡ଼ର ଧରି
ଜ୍ୟାମିତିର ରେଖାମାନଙ୍କୁ
ନରୀକ୍ଷଣ କରୁ କରୁ
କ୍ରମଶଃ ନିଷପ୍ରଭ ହୋଇଯାଏ

ଅପସୃୟମାଣ ଅନ୍ଧକାର
କୁଆଁ ତାରା କେଉଁ ଏକ
ଅଶରୀରି ଆତ୍ମା ପରି
ଅଦୃଶ୍ୟ ହୋଇଯାଏ
କେଉଁ ଏକ ଐନ୍ଦ୍ରଜାଲିକ
ପସରା ମେଲାଇ ଦିଏ

ସିନ୍ଦୁରା ଫଟା ଆକାଶରେ
ତେଜଦୀପ୍ତ ସୂର୍ଯ୍ୟଙ୍କର ଆଭା
ପକ୍ଷୀମାନଙ୍କର

ମଧୁର ବିଭାସ ରାଗିଣୀ
ସଜ ଫୁଟା ଫୁଲର ମହକ
ମଧୁମକ୍ଷୀ ଗୁଞ୍ଜରଣ
ସୁଲୁ ସୁଲିଆ ପବନ
ପ୍ରଜାପତି ମାନଙ୍କର
ରଙ୍ଗର ବର୍ଣ୍ଣାଳୀ
ଭ୍ରମର ମାନଙ୍କର ଧାଁ ଧପଡ଼
ଫୁଲକୁ ଛୁଇଁବା ପ୍ରତିଯୋଗିତା

ଲାଗେ ସତେ ଅବା
ଅନ୍ଧାର ଆଲୋକ
ସ୍ୱପ୍ନ ବାସ୍ତବତା
ଜୀବନ ମୃତ୍ୟୁ ମଧ୍ୟରେ
ଦୂରତା କୃତ୍ରିମ ସାଲିସ୍ କରା
ଲୁଚକାଳୀ ଖେଳ
ଉପଲବ୍ଧ ହୁଏ ଜ୍ୟାମିତିର
କୋଣେ ଅନୁକୋଣେ
ହୃଦୟର ପ୍ରତ୍ୟେକ ତନ୍ତ୍ରୀରେ
ତୁମେ ଜାଣ ଆଉ ମୁଁ ଜାଣେ ।

■

ଅନୁଭୂତି

ଅନୁଭୂତି ମାନେ
ମହୁମାଛି ପରି
ମୋ ଚାରି ପଟେ
ପଇଁତରା ମାରୁଛନ୍ତି
ସାମ୍ପ୍ରଦାୟିକ ଦଙ୍ଗା ବେଳେ
ପୋଲିସ ମାନଙ୍କ ପରି
ଅବା ଏକ ଦୂରଗାମୀ
ବସ୍ ଆଗରେ ଯାତ୍ରୀମାନଙ୍କ ପରି

ମୋ ଖିଆଲି ମନରେ
ମୁଁ ବେଳେ ବେଳେ
ଭ୍ରମର ହୋଇ
ଅନୁଭୂତି ପୁଷ୍ପର ରଙ୍ଗୀନ
ପାଖୁଡ଼ା ଖୋଲୁ ଖୋଲୁ
ମୋର ହଜିଲା ଅତୀତ
ଢେଉ ପରି ହାବୁକା ମାରି
ମନ ବେଳା ଭୂମିରେ
ନାଚି ଯାଏ

ପୁଣି କେବେ ସ୍ଥିର ମୁଦ୍ରାରେ
ରହିଯାଏ କୋଣାର୍କ ମନ୍ଦିର
ପାର୍ଶ୍ୱରେ ଥିବା ମୂର୍ତ୍ତି ପରି ।

ସ୍ମୃତିର ପାଖୁଡ଼ା ଖୋଲୁ ଖୋଲୁ
ମୁଁ ହଜିଯାଏ କେଉଁ
ଏକ ଅଜଣା ସ୍ୱପ୍ନ ରାଜ୍ୟରେ
ଯେଉଁଠି ଥାଏ ଝରଣା
ପାହାଡ଼ ମେଘମାଳା
ବର୍ଷା ବିନ୍ଦୁ ସହ
ଖରାର ଲୁଚକାଳି
ରକ୍ତ ପଳାଶ, କୃଷ୍ଣଚୂଡ଼ାର ହସ
ମଲ୍ଲି ଫୁଲର ବାସ୍ନା
ରଜନୀଗନ୍ଧାର ଅଭିସାର
ନାୟକର ବିଳମ୍ବିତ
ଆଗମନ ଅପେକ୍ଷାରେ
କେତେ ଆଶଙ୍କା କେତେ ଉତ୍କଣ୍ଠା
ଚାକରାଣୀର କଲିଂ ବେଲ୍
ରେ ସ୍ୱପ୍ନ ଭଙ୍ଗ ହୁଏ
ଦେଖେ ଚଉଦିଗେ ଖାଲି
ଧୂମ୍ରାଭ ଦିଗନ୍ତ
ବାସ୍ତବ ହତାଶା ।

ଦୁର୍ଗତି ନାଶିନୀ

ବରଫ ଭଳି ସଫେଦ ମସୃଣ
ଶରତ ଆକାଶରେ
କେତେ ଗୋଟି ବାଦଲ
ପକ୍ଷୀ ଶାବକ ଭଳି
ଖଣ୍ଡି ଉଡ଼ା ଦେଇ
ଲୁଚକାଳି ଖେଳୁଥିବା ବେଳେ
କଅଁଳ ସୂର୍ଯ୍ୟଙ୍କ ସ୍ୱର୍ଣ୍ଣାଭ କିରଣ
ହୀରା ପଟି ପକା
ଘାସର ଗାଲିଚାରେ ପଡ଼େ
କାଶତଣ୍ଡୀ ଖେଳେ ଲୁଚକାଳି ।

ସକାଳର ସ୍ନିଗ୍ଧ ପରିବେଶ
ସୁଲୁ ସୁଲିଆ ପବନ କଅଁଳ ଖରା
ମନ ମତାଣିଆ ପକ୍ଷୀଙ୍କ କାକଳୀ
ପୂର୍ବ ରାତ୍ରିର ହାଲକା ବର୍ଷା
ଭିଜା ମାଟିର ଗନ୍ଧ ସହ
କୁହେଳି ଭରା ଦିଗ୍‌ବଳୟ

ପଖାଳ କଂସାର ମୋହ ତ୍ୟାଗ
ଗାଈଆଳ ପିଲାର
ରୋମାଞ୍ଚଭରା ଗୀତ
ସ୍କୁଲ ଯିବା ପାଇଁ ପିଲାଙ୍କ ପ୍ରସ୍ତୁତି
ମା'ଙ୍କ ଆକଟ
ଆସନ୍ତା ନବ ରାତ୍ର
ପୂଜା ସରଞ୍ଜାମ
କେଉଁଥିରେ ଊଣା ନାହିଁ

କେବଳ ଗୋଟିଏ ଅଭାବ
ତୁମର ଉପସ୍ଥିତି
ତୁମର ସାହଚର୍ଯ୍ୟ
ଉତ୍କଣ୍ଠା ଖୁବ୍ ପୀଡ଼ା ଦାୟକ
କଥା ଦେଇଥିଲ ଆସିବ
କେମିତି ବା ଭୁଲି ପାରନ୍ତ ?
ପ୍ରାଣରେ ଭରି ଦେଇ
ନୂତନ ଆଶାର ସ୍ପନ୍ଦନ
ଅଭୟ ଦାୟିନୀ
ଦୁର୍ଗତି ନାଶିନୀ ହୋଇ ଧରାପୃଷ୍ଠେ
ପାଦ ଦେବ ସକଳ କଲ୍ୟାଣ ଆଣି
ଅନ୍ତ ହେବ ସବୁ ଦୁଃଖ ଶୋକ ଗ୍ଲାନି
ବର୍ଷ ଭରି ପ୍ରତୀକ୍ଷା ହେବ ଅବସାନ ।

ବିଜୟ ଟୀକା

ଅନେକ ଥର ଭାବିଛି
ମୁଁ କେତେ ଅସହାୟ ସତେ
ମୋର ସ୍ୱାଧୀନତା କାହିଁ
ମଦାରୀ ମର୍କଟକୁ
ଇଶାରା ଦେଇ ନଚାଇବା ପରି
ମୁଁ ନାଚେ ଅନ୍ୟ କାହାର
ଇଶାରାରେ ନିରୁପାୟ ହୋଇ

ଆକାଶରେ ପକ୍ଷୀଟିଏ
ଦେଖି ମୋର ଈର୍ଷା ହୁଏ
ଥୁରୁ ଥୁରୁ ଚାଲୁଥିବା
ଦରୋଟି କଥା କହୁଥିବା
ଶିଶୁଟିଏ ଦେଖିଲେ
ପୁଣି ପଛକୁ ଫେରିବାକୁ
ଇଚ୍ଛା ହୁଏ
ଗୁରୁଣ୍ଡିବାରେ ଖୁବ୍ ମଜା
ନିରୀହ ନିଷ୍ପାପ ଜୀବନ

ଆପଣେଇବାକୁ ଆଗ୍ରହ କରେ
କେତେ ପରିଚ୍ଛନ୍ନ ଆଲୋକର
ସଚ୍ଚୋଟ ପରିବେଶ
ସ୍ୱଚ୍ଛ ଆଚରଣ
ଶଠତା ପ୍ରବଞ୍ଚନା ଶୂନ୍ୟ
ଶୁଭ୍ର ଦିଗନ୍ତ ସମ୍ପର୍କର
ସ୍ୱେଚ୍ଛାଚାରିତା ବିନା
ନିରୁତା ଭଲ ପାଇବା
ନିଷ୍କପଟ ମୁକ୍ତ ବାୟୁ
କେତେ ସହାୟକ ଶକ୍ତି ସଞ୍ଚାରକ
ଆଧୁନିକତାର ଅମା ଅନ୍ଧକାର
ଅନୈତିକ ମୂଷା ଦଉଡ଼
ଅଣନିଶ୍ୱାସୀ ପଣକୁ
ଆକ୍ତାମାକ୍ତା ଭାବକୁ
ଫୁଟବଲ ପରି ଦୂରକୁ ଫିଙ୍ଗିବାକୁ
ଆଉ ଜୀବନ ଖେଳରେ
ଗୋଲ ପୋଷ୍ଟ ଡେଇଁ
ପିନ୍ଧିବାକୁ ବିଜୟର ଟୀକା ।

■

ମୃତ୍ୟୁ କିଏ ଦେଖିଛି

ମୃତ୍ୟୁକୁ କିଏ କେବେ ଦେଖିଛି
କେତେ ଜିନିଷ ଅନୁଭବ କରିହୁଏ
ପବନକୁ ଅନୁଭବ କରି ହୁଏ
ଆଲୋକକୁ ଉପଯୋଗ କରିହୁଏ
ଯେତେ ସବୁ ଯନ୍ତ୍ରଣା ସବୁତକ
ଚାଟି ନିଏ ମୃତ୍ୟୁ ତାର ବନ୍ଧୁର
ଅଠାଳିଆ ଲମ୍ବା ଜିଭରେ
ଝିଟିପିଟି ପତଙ୍ଗ ଚାଟିନେବା ପରି

ଖବର ନଦେଇ ଅନାହୂତ
ଅତିଥି ହୋଇ ଦାଣ୍ଡ ଦରୁଜାରେ
ଠକ୍ ଠକ୍ କରେ
ଡାକବାଲା ପରି
ମଇଁଷି ପିଠିରେ ଆସି
କେଉଁ ଏକ ଅନ୍ଧାର ରାତିରେ
ସୁସୁ ନିଶା ଗର୍ଜୁଥିବା ବେଳେ

ଦୁନିଆ ସ୍ୱପ୍ନ ରେ
ବିଭୋର ଥିବାବେଳେ
ମଇଁଷି ଦୋହଲି ଦୋହଲି ଆସେ
ରାତ୍ରି ସହ ଧକ୍କା ଖାଇ ଖାଇ
ବନ ପର୍ବତ ଝରଣା ନଦୀ
ଅତିକ୍ରମ କରି

ବେହାଲିଆ ଅବସ୍ଥାରେ
ଲାଲ୍ ଟହଟହ ଜିଭ ବିସ୍ତାରି
ମହାଜନ ଖାତକର
ଆସବାବ ପତ୍ର
ନିଲାମ କଲାପରି
ନୋଟିସ୍ ନଦେଇ
ଘର କୋରଖି କଲାପରି
ମୃତ୍ୟୁ କରେ ଜୀବନ କୋରଖି
ଋଣ ଯନ୍ତ୍ରଣାରେ ଛଟପଟ ହେବା ଠାରୁ
ଋଣ ମୁକ୍ତ ହେବା ଶ୍ରେୟସ୍କର
ଆଶା ଆଶଙ୍କା
ଅନିଶ୍ଚିତତା ଅସହାୟତା
ସବୁ କିଛି ଅନ୍ତହୁଏ ।

■

ଆଶଙ୍କା କେମିତି

ଭିନ୍ନ ଭିନ୍ନ ରଙ୍ଗରେ
ଫେଣ୍ଟା ଫେଣ୍ଟି ହୋଇ
ମୂଳ ରଙ୍ଗ କେଉଁ କାଳୁ
ହଜାଇ ସାରିଲାଣି ଜୀବନ
ଠିକ୍ ଡାଇଂ ମେସିନ୍‌ରୁ ବାହାରିବା ପରି
ଖାଲି ସିନା ହଳଦୀ ବସନ୍ତ
ଆଉ ରଙ୍ଗୀନ ପ୍ରଜାପତିର
ଆଟୋପ ନେଇ
ଏ ଡାଳରୁ ସେ ଡାଳକୁ ଯାଉଛି

ମନଟା କେଢ଼େ ଉନ୍ମୁକ୍ତ ସତେ
ଇଂଡିଆ ଗେଟ୍ ପରି
କେତେ ଖୋଲା ମେଲା
ବଡ଼ ଦେଉଳର ସାହାଣ ମେଲା ପରି ବ୍ୟାପ୍ତି
ଆଉ ଅଭିସାରିକାର
ମୁକୁଳା କେଶ ପରି ଘନ
ମୋନାଲିସା ହସ ପରି ଚମକ

ତାଜମହଲର ମସୃଣ ଝଲକ
ଚିତ୍ରକର ତୁଳୀର ପୂର୍ଣ୍ଣତା
ଶରତ ଋତୁର ପରିଛନ୍ନ
ଆକାଶଟା ଆଖିଠାରେ
ସଦ୍ୟ ନୀଳ ଦିଆ ଇସ୍ତ୍ରୀ ବାସ୍ନା
ଧୋବ ଲୁଗାପରି

ସୁଖରେ ହଜାଇ ଦେବାର
ପ୍ରତିଶ୍ରୁତି ଦିଏ
ଗାଁ ପିଲାଙ୍କର ପାର୍ବଣ ପ୍ରସ୍ତୁତି
ଚଉରାରୁ ଶୀଉଳି ଛଡ଼ା
ଘର ଚୂନ ଧଉଳା
କାଶତଣ୍ଡୀ ପଠାରେ
ଗାଇଆଳ ସଙ୍ଗୀତ ମୂର୍ଚ୍ଛନା
ଗୋଧୂଳି ଲଗ୍ନରେ ମନ୍ଦିର ଘଣ୍ଟା
ପୂର୍ଣ୍ଣମୀ ଜୁଆରରେ ପୁଂଚି ଖେଳ
ସବୁ କିଛି ଯେମିତି ସେମିତି
ପୃଥିବୀ ନିଥର
ଖାଲି ତ୍ରସ୍ତ ମନ
କାଳେ ଗ୍ରାସିଯିବ ଭ୍ରଷ୍ଟାଚାର ଅକ୍ଟୋପସ୍ ।

■

ବସନ୍ତ ଆସିଛି

ତୁମ ଗଭାର ରଜନୀ ଗନ୍ଧା
ଝଲକାଏ ବାସ୍ନା
ଆମ ଶୟନ କକ୍ଷକୁ
ଧସେଇ ପଶିଲା ବେଳେ
ମହକାଇ ଦିଏ ସବୁ ତନ୍ତ୍ରୀ

ତୁମେ ଆସିବ ମୁଁ ଭାବେ
ଶୀତ ରାତିର ବହଳ ଅନ୍ଧାର
ମୋଟା କମ୍ବଳ
ବ୍ରହ୍ମରାକ୍ଷସ ତଣ୍ଟି ଚିପିଲା ପରି
ଦେହକୁ କଣ୍ଟା ଭଳି ଫୋଡ଼ି ଦିଏ
ଆଜବେଷ୍ଟସ୍ ଛାତ ଥରୁଥାଏ
ଜେଜେ ମା' ପାକୁଆ ପାଟି ପରି
କାକରର ବଡ଼ ବଡ଼ ଟୋପା
ଡିଜେ ନାଇଟ୍‌ରେ ବ୍ୟସ୍ତ ।

ଭୋରୁ ଭୋରୁ କୁହୁଡ଼ିର
ଘନ ଧୂମ୍ର ଆବରଣ
ଝର୍କା କାଚରୁ ଚାଟିନିଏ ଅନ୍ଧାରକୁ

ବାଟ ଛାଡ଼େ ସୁନେଲୀ ରଶ୍ମି
କାଉ କୋଇଲି ଝିଙ୍କାରୀ ମାନଙ୍କ
ମଉନ ବ୍ରତ
ଯୋଗଧାରୀ ବାବା କି ସତେ ?

ପାଗଳ ପ୍ରେମିକ ପ୍ରାୟ
ଉତ୍ତରା ପବନ ବେଗ
ନିବୁଜ କୋଠରିରେ
ମନ୍ଦିର ଆଳତୀର ଚାପା ଘଣ୍ଟା ଶବ୍ଦ
ସବୁ କିଛି ପାହାନ୍ତି ଆକାଶର
କୁଆଁ ତାରା ପ୍ରାୟ
କେଉଁ ଆଡ଼େ ଆଜି ନିଖୋଜ

ସ୍ୱପ୍ନ ଭାଙ୍ଗି ଅଧା ନିଦରୁ ଉଠି
ଭାବେ ଅନୁଭବ କରେ
ଏଠି ବସନ୍ତ ଆସିଛି
କୃଷ୍ଣଚୂଡ଼ାର ବର୍ଣ୍ଣାଳୀ
ରଙ୍ଗ ବେରଙ୍ଗ ପକ୍ଷୀ
ସିନ୍ଦୁରା ଫିଟିବା ବେଳେ
କୁମ୍ଭାଟୁଆ ସାଇରନ୍
ପ୍ରଜାପତିର ମନ ମତାଣିଆ ବିହରଣ
କୋକିଳର ମଧୁର ମୂର୍ଚ୍ଛନା
ଆଜି କରିଛି ବେପଥୁ ।

ନବ ପଲ୍ଲବର ତାଣ୍ଡବ
ମନ୍ଦ ମଳୟର ଲୁଚକାଳି
ହୃଦୟରେ ଆଣେ
ଅସୁମାରୀ ସ୍ୱପ୍ନ ସମ୍ଭାବନା

କିନ୍ତୁ ହାୟଃ !
ଫଗୁଣ ଫୁଲ ଚାଙ୍ଗୁଡ଼ି
ବୈଶାଖି ତାତି ସୁନାମୀରେ
ବେହାଲ ହେବ ନି ତ ?
ନିସ୍ତେଜ ହେବା ଆଗରୁ
ମନ ଭରି ଦେଖ
ମଧୁମକ୍ଷୀ ହୋଇ ଯାଅ
ପିଇବାକୁ ବସନ୍ତ ମଦିରା ।

■

ଅପହଞ୍ଚ

ବସ୍ତୁବାଦ ଅକ୍ଟୋପସ୍ ଯେବେ
ମୋତେ ଆକ୍ରାନ୍ତ କରେ
ମୋର ଆତ୍ମ ବିଶ୍ୱାସର ସ୍ତର
ରାହୁ ଗ୍ରସ୍ତ ଚନ୍ଦ୍ର ପରି ମଳିନ ଦିଶେ

ଭାଦ୍ରବ ଆକାଶର ସୂର୍ଯ୍ୟ
ଭସା ମେଘ ସହ
ଲୁଚକାଳୀ ଖେଳିଲା ପରି
ମୁଁ ଖାଲି ସୁଯୋଗ ଭଣ୍ଡୁଥାଏ
କେମିତି ଏ ଚକ୍ରବ୍ୟୁହରୁ
ରକ୍ଷା ପାଇବି
ମାତୃ ଗର୍ଭସ୍ଥ ଅଭିମନ୍ୟୁ ପରି
ବ୍ୟୁହ ସିନା ଭେଦ କରିବା
ବାଟ ଜାଣେ ଫେରିବା ଜାଣେନା
ମୋହାଚ୍ଛନ୍ନ ଭାରାକ୍ରାନ୍ତ ମନନେଇ
ଭାବନାର ପାଣ୍ଡୋରା ବାକ୍ସ
ଆଣି ଠିଆ କରି ଦିଏ
ମୋ ଅତୀତର ଭୂତକୁ
ସେ ଢୁଙ୍କୁରାଉ ଥାଏ

କୁହୁକ ଖେଳନାର
ନିଶୁଆ ରାଜାର ମୁଣ୍ଡ ପରି
ପ୍ରାଜ୍ଞ ଭୀଷ୍ମ ଅନ୍ୟ ରଥୀ ମାନେ
କାହିଁକି ରଚିଲେ ଅନ୍ୟାୟ ଚକ୍ରବ୍ୟୁହ
କାହିଁକି ରାଜନୀତିର
ହୀନ ଚକ୍ରବ୍ୟୁହରେ
ନିରୀହ ଅଭିମନ୍ୟୁ ମାନେ
ଆଜି ପୀଡ଼ିତ
କାହିଁକି ଆଜି
ନାରୀ ନିର୍ଯ୍ୟାତନା ବଳାତ୍କାର
ପାପୀ ଦୁର୍ଯ୍ୟୋଧନ ମାନେ
କଣ ଭୁଲିଗଲେ ଯାଜ୍ଞସେନୀ ପ୍ରତିଜ୍ଞା
ଭୁଲିଗଲେ ମା' ଦୁର୍ଗାଙ୍କ ମହିଷାସୁର ମର୍ଦ୍ଦନ ।

ନାରୀ ସଶକ୍ତି କରଣ
ନାରା ଆବଶ୍ୟକ ନାହିଁ
ପ୍ରକୃତି ପୁରୁଷ ମିଳନରେ
ସମ୍ଭବ ଏ ସୃଷ୍ଟି
ଯାଜ୍ଞସେନୀ କ୍ରୋଧାଗ୍ନିର
ଲେଲିହାନ ଶିଖା
ଭସ୍ମ କରି ଦେବ ଯେତେ ସବୁ
ବ୍ୟଭିଚାର ଅଧର୍ମ ପାପ
ପୁଣି ଆବିର୍ଭାବ ହେବ
ସ୍ୱଚ୍ଛ ନିଷ୍ପାପ ସମାଜ ।

■

କେଡ଼େ ଅହଂକାରୀ

ଜୀବନକୁ ଗୋଲାପ ଶଯ୍ୟା ମନେକରି
ମସୃଣତାକୁ ଉପଭୋଗ କଲାବେଳେ
ଦୁଃସ୍ୱପ୍ନର ବନ୍ଧୁର ପଥ ଆଉ
ଚତୁଃପାର୍ଶ୍ୱର ଭୟାନକ
ଯେତେ ସବୁ କଣ୍ଟା
କରନ୍ତି କ୍ଷତାକ୍ତ ଲହୁ ଲୁହାଣ

ତଥାପି ଏ ଜୀବନକୁ
ଜୁଇ ନିଆଁ କେବେ ଡରାଇ ପାରେନି
ଯେମିତି କଂସାରୀ ଘରର ପାରା
କୁଳା ଢାଉଁ ଢାଉଁ ଶବ୍ଦକୁ
ବେଖାତିର କରେ
ଅସହାୟା ଅନ୍ତସତ୍ତ୍ୱା ଭିକାରୁଣୀ
ରାସ୍ତାରେ ପିଲା ଜନ୍ମ କରି
ଡାହାଣିକୁ ଡରେନାହିଁ

ସିସିଫସ୍ ପରି ଦୁଃଖର ପାହାଡ଼ ବୋହି
କ୍ଳାନ୍ତି ଯନ୍ତ୍ରଣାରେ ଗୁମୁରୁ ଥିବା ମଣିଷ
ଆଞ୍ଜୁଳା ଆଞ୍ଜୁଳା ଲୁହକୁ
ଅନେକ ଥର ପିଇଥାଏ

ଆନନ୍ଦର ମନ୍ଦାକିନୀରେ
ପ୍ଳାବିତ ହେବାର ଅଭିନୟ କରି
ମୃତ୍ୟୁକୁ କରେ ହେୟ ଜ୍ଞାନ
ଆଉ ଅସୀମ ସାହସ ଜୁଟାଇ
ପ୍ରଶ୍ନ କରେ ମୃତ୍ୟୁ ତୁମେ
କାହିଁ ପାଇଁ ଏତେ ଅହଂକାରୀ ?

ଜଳରେ ଭାସମାନ ବରଫ ଖଣ୍ଡର
ଉପରିସ୍ଥ ଭାଗ
ଦୃଶ୍ୟମାନ ହେବା ପରି
ତୁମ ଭାବନା ନିରର୍ଥକ
ତୁମେ କଣ ସତରେ
ଜୀବନ ନେଇ ପାର
ଜୀବନ ତ 'ତତ୍ ତ୍ୱମ୍ ଅସି'ର ଆଧାର
ଜାଣିରଖ ତୁମେ କେବଳ ମୁକ୍ତି ଦିଅ
ଆଉ ଦିଅ ଏକ ନୂତନ ଜୀବନ ।

■

ସମ୍ପର୍କ

ଭାଦ୍ରବ ଆକାଶରେ ଜହ୍ନ
ଭସା ବାଦଲ ସହ
ଲୁଚକାଳୀ ଖେଳିବା ପରି
ପୁରୁଣା ଡାଏରୀ ଖୋଲିବା ବେଳେ
ଅତୀତ ସ୍ମୃତି ସବୁ ଉଙ୍କି ମାରେ

ମୋ ମନ କ୍ୟାନ୍‌ଭାସ୍‌ରେ
ଠିକ୍ ପ୍ରଜାପତିଟିଏ
ଏ ଫୁଲରୁ ସେ ଫୁଲକୁ
ଉଡ଼ିଯିବା ଭଳି ଅଧୈର୍ଯ୍ୟ ଭଙ୍ଗିରେ

ତୁମର ଅସଂଖ୍ୟ ଚିଠି ସାଇତି ରଖିଛି
ମୋ ପରିତ୍ୟକ୍ତ
ଆଳି ମାଳି ସାମାନ୍ ଥିବା
ଦୀର୍ଘଦିନର ତାଲାବନ୍ଦ
କପ୍ ବୋର୍ଡ଼ରେ
ଚିଠି ମାନେ ସବୁ ବୟସ୍କ

ସଫେଦ୍ ରଙ୍ଗ ହରାଇ
ହଳଦିଆ ଦିଶିଲେଣି
କାମଳ ଆକ୍ରାନ୍ତ ରୋଗୀ ପରି

ସବୁତକ ଭାଙ୍ଗ
କୁକୁର କାନ ପରି ଲହକା
ସମୟର ବୟସ ଯେତେ ବଢୁଛି
ତମ ଚିଠି ଆଉ ରୁମାଲ୍
ଯେଉଁଥିରେ ଲଭ୍ ସାଇନ ପାନପତ୍ର
ମଝିରେ ମୋ ନାଁ ଗୋଲାପି ସୁତାରେ
ଏମ୍‌ବସ୍ କରି ଦାମି ଅତର ଛିଞ୍ଚି
ଏକ ଅଳସ ମଳୟ ସିକ୍ତ
ବସନ୍ତ ଅପରାହ୍ଣରେ
କୃଷ୍ଣଚୂଡ଼ାର ସ୍ନିଗ୍ଧ ଚାନ୍ଦୁଆ ତଳେ
ମୋତେ ଭେଟି ଦେଇଥିଲ
ଆଉ ମୁରୁକି ହସି ଲାଜୁଆ ଓଠରେ
ମୋ କାନ ପାଖରେ ଫିସ୍ ଫିସ୍ କହିଥିଲ
ହଜେଇବ ନାହିଁ

ତୁମ କଥା ମାନି
ଝଡ଼ ପରର ନୀରବତାରେ
ସାମଗ୍ରୀ ସବୁ ସାଉଁଟିବା ପରି
ସବୁ ସେମିତି ସାଇତି ରଖିଛି
ବୀମା ପଲିସି ବଣ୍ଡ ପରି
ତୁମର ସେ ମଧୁର ସ୍ୱର କେବେ କେବେ
ସମୁଦ୍ର ଅଭ୍ୟନ୍ତରରେ ସୁନାମୀ ପରି ବା
ଅଶରୀରୀ ଅତୃପ୍ତ ଆତ୍ମା ପରି ଆସିଯାଏ

ସ୍ୱପ୍ନରେ ମୋତେ ବିବ୍ରତ କରେ
ତୁମର ଏପରି ହୁଏକି ନା ମୁଁ ଜାଣେନା

ଏ ଜନ୍ମରେ ସମ୍ପର୍କରେ
ସୂତା ଛିଡ଼ିଗଲା ଯାଉ
ଅସ୍ପଷ୍ଟ ସ୍ୱରରେ କହେ
ଅପେକ୍ଷାର ଅନ୍ୟ ନାମ ତ ଜୀବନ
ଆର ଜନ୍ମରେ
ମାଂଜାଦିଆ ଗୁଡ଼ି ସୂତା ଭଳି ଦେଖିବ
ମଜବୁତ ହେବ ଆମ ସମ୍ପର୍କ ।

■

ବର୍ଷା ଗୋ ତୁମେ ଆସ

କାଳର କରାଳ ଗତିରେ
ଫୁଲେଇ ଫଗୁଣର
ଫୁଲ ପସରା ଅପସରି ଯାଇ
ଧୀରେ ଆସେ ମତୁଆଲା କରେ
ବସନ୍ତର ମନ୍ଦ ମଳୟ ପବନ
କୋଇଲିର କୁହୁତାନ
ତନୁ ମନେ ଆଣେ ଶିହରଣ
ସବୁ ଆଜି ସାତ ସପନ
କେବଳ ବୈଶାଖର ଝାଞ୍ଜି ପଟୁଆର
ରୌଦ୍ର ଅବତାର

ନିଦାଘ ଗ୍ରୀଷ୍ମରେ
ଆଉଟୁ ପାଉଟୁ ହୋଇ
ତତଲା ହାଣ୍ଡି ବାଲିରେ
ଧାନ ପଡ଼ି ଖଇ ହେଲା ପରି
ସବୁ ଅସ୍ତବ୍ୟସ୍ତ

କେତେ ଯେ ଆଶା ଥିଲା
ଅସୁମାରୀ ବାସନା ନେଇ
ପ୍ରସ୍ତୁତି ଆରମ୍ଭ ହେଲା
ରଜ ଦୋଳି ପୋଡ଼ପିଠା ପାନଖିଆ

କୁମାରୀ ବୁକୁରେ ଅସୀମ ଉଲ୍ଲାସ
କେତେ ଦିନ ପରେ
ଦୃଶ୍ୟମାନ ହେବ
ମେଘ ମେଦୁର ଆକାଶ
ବୁକୁ ତଳର ନହୁଲି ସ୍ୱପ୍ନକୁ
ମନ ଆକାଶରେ
ବାଦଲ ପରି ଭସାଇ ଦେବ
ଆବେଗର ଉଜାଣି ସ୍ରୋତରେ

ପୁଲକିତ ହେବ ତନୁ ମନ
ଦେଖିବ ମେଘ ମାଳା
ହେବେ ମତୁଆଲା
ମୟୁରୀ ହୋଇ ନାଚି ନାଚି
ତୋଳିବ ମେଘ ମହ୍ଲାର ସ୍ୱର

ହେଲେ କାହାନ୍ତି ବରଷାରାଣୀ ?
କାହିଁ ପାଇଁ ଏତେ ଅଭିମାନ
କେଣେ ନାହିଁ ଆସିବା ସୁରାକ୍
ନାହିଁ ବାଜା ବାଣ ବା ରୋଷଣୀ
ପ୍ରତୀକ୍ଷାର ଅନ୍ତ ନାହିଁ

ରୁଷ୍ଟ କିଆଁ ଋତୁ ଚକ୍ର ଆଜି
ଦାୟୀ କଣ ଗଛକଟା ପାହାଡ଼ ଫଟା

ଖୋଜିଲେ ବି ଦିଶୁ ନାହିଁ
ଗାଁ ଦାଣ୍ଡ ଓଳି ତଳେ
କୁନି ପିଲାଙ୍କ
କାଗଜ ଡଙ୍ଗା ଭସା ଅବା
ପକ୍ଷିଆ ମୁଣ୍ଡେଇ ବର୍ଷା ଧାରା
ଉପଭୋଗ କରି
ଚାଷୀଟିର ବିଲ ବେଉଷଣ
ଅବା ଲାଲ୍ ଟୁକୁ ଟୁକ୍ ସାଧବ ବୋହୂଙ୍କ
ଧାଡ଼ି ବନ୍ଧା ପ୍ରଦକ୍ଷିଣ
କରୁନାହିଁ ଆମୋଦିତ
ପହିଲି ବର୍ଷା ଭିଜା ମାଟିର ସୁଗନ୍ଧ
ଶୁଭୁନାହିଁ ରୁଣୁଝୁଣୁ ଟିଣ ଛାତର ରାଗିଣୀ
ଭୁଲି ଯାଅ ଅଭିମାନ
ଆସ ଥରେ ବର୍ଷା ରାଣୀ
ଏ ଧରା ପୃଷ୍ଠରୁ ଧୋଇ ନିଅ
ଯେତେ ସବୁ ପାପ ।

■

ବର୍ଷା

ପାହାନ୍ତି ରାତିର
ଅସଜଡ଼ା ସ୍ୱପ୍ନ ପରି
ଗୋଧୂଳି ଲଗ୍ନର
ନୀଡ଼ ଫେରନ୍ତା ପକ୍ଷୀ ପରି
କୂଳ ଲଙ୍ଘୁଥିବା
ବନ୍ୟା ଜଳ ପରି
ଆସନ୍ନ ପ୍ରସବା
ନାରୀଟିଏ ପରି
ଭାସମାନ ମେଘ ମାଳା
ଏକତ୍ରୀତ ହୋଇ ବଜାନ୍ତି ସିମ୍ଫୋନୀ

ବର୍ଷି ଥାନ୍ତି ରାତି ସାରା
ସାବଜା ଧାନ କ୍ଷେତରେ
ବିସ୍ତୀର୍ଣ୍ଣ ଘାସ ପଡ଼ିଆରେ
ନିୟମ ଗିରି ମଥାନ୍‌ରେ
ମାଲକାନଗିରି
ଆଜବେଷ୍ଟସ ଛାତରେ
ନଦୀ ନାଳ ଗାଡ଼ିଆ ପୋଖରୀରେ
ମୁଣ୍ଡରେ ଦାରିଦ୍ର୍ୟର ବୋଝ ଧରି

ଘର ମୁହାଁ ହୋଇଥିବା
ଆଦିବାସୀ ମହିଳାର
ଫୁଙ୍ଗୁଳା ପିଠିରେ
ନୁଖୁରା କେଶରେ
ପମ୍ପ ନଥିବା ଭଲିବଲ ଭଳି
ଖାଲୁଆ ଗାଲରେ

ବର୍ଷା ଭିଜା ମାଟିର ଭୁରୁ ଭୁରୁ
ମନ ମତାଣିଆ ବାସ୍ନା
ଚଉହଦୀ ବ୍ୟାପିଜାଏ ଗୁଜବ ପରି
ଏକ ଜିନ୍‌ସ ପିନ୍ଧା
କଲେଜ ପଢୁଆ ଝିଅ ପୀଡ଼ିତା ଥିବା
ବେପରୁଆ ପ୍ରେମର ଅଜବ ଖିଆଲ ପରି
ଏକ କବିର ଅଯଥା ଆଶଙ୍କା ପରି

କାଳେ କଳ୍ପନା ରାଜ୍ୟରେ ବୁଲୁ ବୁଲୁ
କୂଳ କିନାରା ନପାଇ ହଜି ଯିବ
ଦୂର ଦିଗନ୍ତରେ କୁଆଁ ତାରା ପରି
ତଥାପି ବର୍ଷା ଆସେ
ଉନ୍ମତ୍ତ ହସ୍ତୀ ପରି
ସଜବାଜ ହୋଇ
ପାରିଧିରେ ଯାଉଥିବା
ଶିକାର ପ୍ରେମୀ ସମ୍ରାଟଙ୍କ ପରି
ଦୁଲୁକି ଉଠେ ଗରିବ ଟିଣ ଛାତ
ନିସ୍ତବ୍ଧ ହୁଏ ଛାତି
ଘୋଡ଼ା ମାନଙ୍କ ଟାପୁ ଶବ୍ଦରେ
ଗୁରୁ ଗମ୍ଭୀର ତୋପ କମାଣ ଗର୍ଜନରେ

ଈଷତ୍ ବିଜୁଳି ଆଲୋକ ପରବର୍ତ୍ତି
ଘଡ଼ ଘଡ଼ି ନାଦରେ
କମ୍ପିତ ହୁଏ ଗଗନ ପବନ
ମନରେ ଶଙ୍କା ଆସେ
ମଈଁଷି ପିଠିରେ ଆସିଲେ କି ଯମରାଜ ?
ଅନ୍ଧାରରେ ବାଟବଣା ହେବା
ସମ୍ଭାବନା ମଧ୍ୟ ଥାଏ

ସାମାନ୍ୟ ଆଶ୍ୱସ୍ତି ଆସେ
ଯାହା ଥିବ ଭାଗ୍ୟରେ
ଅବଶ୍ୟ ଘଟିବ
ନୂତନ ସୃଷ୍ଟି ପାଇଁ
ଧ୍ୱଂସ ଅନିବାର୍ଯ୍ୟ
ତେବେ ଡେରି କାହିଁ ପାଇଁ
ଆସ ଆଜି ଭିଜି ଯିବା
ସ୍ମୃତିର ବର୍ଷାରେ
ପ୍ରଜାପତି ପରି ଉଡ଼ିଯିବା
ଝଞ୍ଜାରେ ଅନୁଭୂତିର ଝଞ୍ଜାରେ
ପ୍ରତୀକ୍ଷା କରିବା ଥୟ
ହେବ ନିଶ୍ଚେ ସୂର୍ଯ୍ୟ ରଶ୍ମୀ ବିଚ୍ଛୁରଣ
ଉଦ୍ଭାସିତ ହେବ
ବିଶ୍ୱ ନୂତନ ଆଲୋକେ।

ଜନନୀ

ଜମାରୁ ବିଶ୍ୱାସ ହୁଏନା
କେତେ ଜନ୍ମର ତପସ୍ୟା
ମୋର ହୋଇଛି ସାର୍ଥକ
ସୁବର୍ଣ୍ଣ ସୁଯୋଗ ପାଇ
ଦେଖିବାକୁ କୋଣାର୍କ
ଗର୍ଭଗୃହରେ ପ୍ରଭାତର ବାଳ ସୂର୍ଯ୍ୟ
ବିରାଜନ୍ତି ପ୍ରତିଦିନ ଉଷା କାଳେ

ଏଇ ଉତ୍କର୍ଷ କଳାର
ଦେଶ ଉତ୍କଳ ଭୂଖଣ୍ଡେ
ଯେଉଁ ବୀର ଭୂମି
ରଚିଛି ଅନନ୍ୟ ଇତିହାସ
ବାରଶହ ବଢ଼େଇଙ୍କୁ
ଜୀବଦାନ ଦେଇ
ବିଶୁ ତ୍ୟାଗ କରିଛି ବାରବର୍ଷର
ବାଳୁତ ସନ୍ତାନ ଧରମା

କଳିଙ୍ଗ ବୀର ସେନାନୀଙ୍କ
ପ୍ରଚଣ୍ଡ ସ୍ପର୍ଦ୍ଧା ଆଜି ଫୁଟି ଉଠେ
ଦୟା ନଦୀ ପୀତ ଜଳ ରାଶି ମଧ୍ୟେ
ଖଣ୍ଡଗିରି ଉଦୟଗିରି ହାତୀ ଗୁମ୍ଫା
ସ୍ୱାଭିମାନୀ ଖାରବେଳ କୀର୍ତ୍ତି
ଚିଲିକାର କାଳିଜାଈ
କହେ କିମ୍ବଦନ୍ତୀ
ମୋ ମା ମୋ ମାଟି
କେଡ଼େ ମହାନ୍ କେତେ ଗରୀୟାନ
ମୋତେ ଶିଖାଇଛି
ସନାତନ ଧର୍ମ ଦୀକ୍ଷା
ବସୁଧୈବ କୁଟୁମ୍ବକମ୍
ଅତିଥି ଦେବୋ ଭବ

ମୋ ଭାଷାର ଅନୁପମ ଐତିହ୍ୟ
ମୋର ପ୍ରଗାଢ଼ ଅସ୍ମିତା
ଭୁଲ ପ୍ରମାଣିତ କଲା
କାନ୍ତୀ ଭଟ୍ଟାଚାର୍ଯ୍ୟ ଉକ୍ତି
ଓଡ଼ିଆ ଏକଟା ସ୍ୱତନ୍ତ୍ର ଭାଷା ନଏ

ଓଡ଼ିଆ ମୋର ମାତୃଭାଷା
ଷଷ୍ଠତମ ଶାସ୍ତ୍ରୀୟ ଭାଷା
ଆମ ସାହିତ୍ୟିକ
ଫକୀର ମୋହନ ଶାରଳା ଦାସ
ଉପେନ୍ଦ୍ର ଭଞ୍ଜଙ୍କ ଅମର କୃତୀ
ବିଶ୍ୱ ଦରବାରେ ଦେଇଛି
ଅନନ୍ୟ ସ୍ୱୀକୃତି

ଆମ ପରମ୍ପରା ପର୍ବପର୍ବାଣୀ
ରଜ ଦଶହରା ହୋଲି ଦିୱାଲି
ସୁଦଶା ବ୍ରତ ମାଣବସା
ସତରେ କେତେ ଯେ ମହାନ୍
ଦେଇଥାଏ ଭାଇଚାରା
ଶ୍ରଦ୍ଧା ଓ ପ୍ରେରଣା
ପାଣି ପବନ ବଣ ପାହାଡ଼ ନଦୀ ଝରଣା
ଭରି ଦେଇଥାଏ ଅପୂର୍ବ ଶାନ୍ତି
ସେଇଥି ପାଇଁ କହେ
ଓଡ଼ିଶା ମହାନ୍ ଓଡ଼ିଶାବାସୀ ଭାଗ୍ୟବାନ
ଆମେ ମହୀୟାନ ଆମେ ଗରୀୟାନ ।

■

ମା ମାଟି

ଉତ୍କର୍ଷ କଳାର ଦେଶ
ଏଇ ଆମ ଉତ୍କଳ ଭୂଖଣ୍ଡ
ଦିନେ ଯାର ବ୍ୟାପ୍ତି ଥିଲା
ଖ୍ୟାତି ଯଶ ଭିନ୍ନ ଭିନ୍ନ କ୍ଷେତ୍ରେ
ଗଙ୍ଗା ଠାରୁ ଗୋଦାବରୀ
ଭୌଗଳିକ ସୀମା

କଳିଙ୍ଗ ସେନାନୀଙ୍କ
ବୀରତ୍ୱର ଗାଥା
ଦୟା ନଦୀ ଜଳରାଶି
ଆଜି ବି ଲୋହିତ
ଲକ୍ଷଲକ୍ଷ ବୀର ସେନା
ଦେଲେ ଆତ୍ମବଳୀ
କୋଣାର୍କ ସ୍ଥାପତ୍ୟ ଆଜି ଛିଡ଼ା
ଧର୍ମପଦ ତ୍ୟାଗପୂତ ସମର୍ପଣ ଭାବ
ଖାରବେଳ କୀର୍ତ୍ତି ଆଜି
ଜାଜ୍ୱଲ୍ୟମୟ ହାତୀଗୁମ୍ଫା ଦେହେ

କଳିଙ୍ଗ ଆଜି ଇତିହାସ ରଚେ
ସୃଷ୍ଟି କରି ଭାବୋଚ୍ଛ୍ୱାସ
ଚଣ୍ଡାଶୋକ ହୃଦେ
ଧର୍ମାଶୋକ ହୋଇ
ମନପ୍ରାଣ ଢାଳି ଦେଲେ
ବୌଦ୍ଧ ଧର୍ମ ସାମ୍ୟବାଦ କକ୍ଷେ
କଳିଙ୍ଗ ନୌବାଣିଜ୍ୟ
ଆଜି ବି ବିଦିତ
ଇତିହାସ ଜନ ମାନସରେ
କାର୍ତ୍ତିକ ପୂର୍ଣ୍ଣିମା ତିଥି
ଅମୃତ ବେଳାରେ
ସାଧବ ପୁଅ ବୋଇତ ବାହେ
ପ୍ରତିକୂଳ ସ୍ରୋତ ସାଥେ
କେତେ ଯେ ସଂଘର୍ଷ
ଭାର୍ଯ୍ୟା ପରିବାର ଦିଅନ୍ତି ବିଦାୟ
ବାଣିଜ୍ୟ ପସରା ଦିଅନ୍ତି ମେଲାଣି
ଜାଭା ସୁମାତ୍ରା ବୋର୍ଣ୍ଣିଓ ବାଲି

ଇଣ୍ଡୋନେସିଆକୁ କରି ଆପଣାର
ମାତ୍ର କେତେ ମାସ ପାଇଁ
ଗେହ୍ଲି ଭଉଣୀକୁ ଜିମା ଦେଇ
ଭାଉଜ ସମୀପେ
ନିଶ୍ଚିନ୍ତରେ ଚଳିଯାନ୍ତି ଦୂର ପରବାସେ
ଜଗନ୍ନାଥ ବଳଭଦ୍ର ନିତ୍ୟବନ୍ଧା
ଭଗିନୀ ସ୍ନେହରେ
ତଅପୋଇ ନିର୍ଯ୍ୟାତନା ଏହି ତ ସଂସ୍କୃତି
ଘୋର ବ୍ୟତିକ୍ରମ

ଖୁଦୁରୁକୁଣୀ ଓଷା ଭାଦ୍ରବ ମାସର
ବାର୍ତ୍ତା ଦିଏ ଭଗିନୀ ସ୍ନେହର
ସବୁ ଅଟେ କଳିଙ୍ଗର ଅକ୍ଷୟ କୀରତି ।
ଗୌରବ ଐତିହ୍ୟ ଆଜି ଚତୁର୍ଦ୍ଦିଗେ ବ୍ୟାପ୍ତ ।

ଦେଖୁଥିବି ଚିରଦିନ ପାଇଁ

ବାକି ସମସ୍ତେ ସିନା
ଅଜଣା ହେବାର
ଅଭିନୟ କରିବେ
ସେଥିରେ ଆମର
ଯାଏ କେତେ ଆସେ କେତେ

ମୁଁ ଜାଣେ ତୁମେ ଠିକ୍ ଜାଣିଛ
କୋଣାର୍କ କାନ୍ଥରେ ନଗ୍ନ ନର୍ତ୍ତକୀଙ୍କ
ଯୌନ ଚେତନା ପରି
ଆଷାଢ଼ ଆକାଶରେ
ପାଣିଚିଆ ଜହ୍ନ ସାଥେ ବାଦଲମାଳା
ଲୁଚକାଳି ଖେଳୁଥିବା ବେଳେ
ଆମ ପ୍ରେମର ବିଚ୍ଛୁରିତ ଦସ୍ତାବିଜ ମାନଙ୍କ
ପଳାସ ସ୍ତବକରେ ତୁମେ ତୋଳ ଆଶ୍ଳେଷର
କୋମଳ ଗାନ୍ଧାର

ହିସାବ ନାହିଁ
କେତେ ଯେ, ଭିଜା ମାଟିର
ସିଲ୍‌ହଟରେ ପ୍ରଲମ୍ବିତ ରାତ୍ରି ଉଜାଗର

ଅଭିସାର ଅଭିମାନ ଆବେଗ
କୃଷ୍ଣଚୂଡ଼ାର ବର୍ଣ୍ଣିଳ
ଆଟୋପ ଫାଙ୍କରେ
ଭାସିଆସେ କୋକିଳର ସ୍ୱନ
ଚିହ୍ନା ଚିହ୍ନା ପ୍ରଜାପତିମାନେ
ନେସି ହେଇ ଉଡ଼ିଯାନ୍ତି
ଲୁଟିବାକୁ ଆମରି ଉଷ୍ଣତା
ଠିକ୍ କୃଷ୍ଣ ଅର୍ଜୁନଙ୍କ କଳା ନେଲା ଭଳି

ମିଟି ମିଟି ତାରା ପୁଞ୍ଜ
ଚତୁର୍ଥୀର ତୋଫା ଜହ୍ନ
ଜାଣିଥିଲେ ସ୍ୱାଭିମାନ ସତ୍ତା ପାଇଁ
ଏ ଛଳନା ଆଉ
ଯେତେ ସବୁ ଆସ୍ପର୍ଦ୍ଧା
ସମୟର କୋଣ ଠେମାରେ
କୁଆଡ଼େ ହଜିଯିବ
ସକାଳର କାକର ବୁନ୍ଦା ଯେମିତି
ନିଖୋ ହେଇଯାଏ ଚୋରପରି
ସୂର୍ଯ୍ୟଙ୍କ ଭୟରେ

କେବଳ ରହିଯିବ
ମୋର ଅଜସ୍ର ଭଲ ପାଇବା
ପ୍ରତିଶ୍ରୁତିର ସମ୍ଭାର
ତୁମ ଅଙ୍ଗିକାରର ସିନ୍ଦୁକରେ
ନୀଳ ନୟନର ସ୍ରୋତରେ
ଘୂର୍ଣ୍ଣାୟମାନ ସ୍ଫଟିକ ହୋଇଥିବ
ଦେଖୁଥିବି ଚିରଦିନ ପାଇଁ ।

■

ସତ୍ୟଶିବ ସୁନ୍ଦର

ହୃଦୟର ନିଭୃତ କୋଠରିରେ
ଉତ୍କଣ୍ଠାର ଜଙ୍ଗଲୀ ନିଆଁ
କର୍କଟ ଜୀବାଣୁ ଭଳି
ମାଡ଼ି ମାଡ଼ି ଚାଲୁଥାଏ

ସନ୍ଦେହ, ଘୃଣାର
କାନଫଟା କୁହାଟରେ
ପାର୍କ ରେଷ୍ଟୋଁରା ମୋର ଛାତି
ଦୁଲୁକୁ ଥାଏ ସବୁ କିଛି
ରାସ୍ତାର ବତୀଖୁଣ୍ଟମାନେ
ସଇତାନ ଭଳି ଦିଶୁଥାନ୍ତି
ଅଜଣା ଭୟ କବଳିତ

ସଦ୍ୟ ଆବିଷ୍କୃତ ହୃଦ୍‌ରୋଗୀ
ଆଶା ଆଶଙ୍କାରେ
ହାସପାତାଳ ବିଛଣାରେ
ଅସହାୟତାର ଚାଦର ଢାଙ୍କି

ଅଦୃଷ୍ଟ ପାଖେ ସମର୍ପଣ ଭାବ
ପ୍ରଦର୍ଶନ କରି ନିସ୍ତେଜ ହୁଏ

ସହରୀ ଜୀବନର ଧରାବନ୍ଧା
ଶଠତା ପୂର୍ଣ୍ଣ
ପୂତି ଗନ୍ଧମୟ ସଂସ୍କୃତିରେ
ଗୋଟିଏ ବଳିଯୋଗ୍ୟ
ନିରୀହ ଛାଗ ପରି ବାନ୍ଧି ହୋଇଥାଏ
ସକାଳୁ ସଂଜ ଯାଏ
ସଫଳତା ବିଫଳତା ଦସ୍ତାବିଜ ଧରି
ଜୀବନ ଜୀବିକାର
ରୀତିମତ ଗଣଦୌଡ଼ରେ
ମୁଁ ଅଜାଣତରେ ସାମିଲ ହୋଇଯାଏ
ନହେବାକୁ ଅନ୍ୟ ରାସ୍ତା ନାହିଁ
ମୁଁ ସ୍ୟାଣ୍ଡୱିଚ ଭଳି ଚାପି ହେଇ ଯାଏ
ବ୍ରହ୍ମରାକ୍ଷସ ଓ ଉତ୍ତାଳ ସମୁଦ୍ର ମଝିରେ

ଏ ଦୌଡ଼ ଅନ୍ଧ ହାତୀ ଖୋଜିଗଲା ପରି
କୈବର୍ତ୍ତ ଅତଳ ସମୁଦ୍ରରେ
ମୁକ୍ତା ଖୋଜିଗଲା ପରି
ପ୍ରେମ ପ୍ରଣୟରେ ବାରମ୍ବାର
ଠୋକର ଖାଇଥିବା ପ୍ରେମିକ
ପ୍ରେମ ଗଳିରେ ବାଟବଣା ହୋଇ
ପ୍ରେମର ସଂଜ୍ଞା ଖୋଜିଲାପରି

ଏ କସରତ୍ ନିୟମିତ ଚାଲେ
ସୂର୍ଯ୍ୟୋଦୟରୁ ସୂର୍ଯ୍ୟାସ୍ତ ପର୍ଯ୍ୟନ୍ତ
ଏନ୍ତୁଡ଼ିଶାଳରୁ ମଶାଣୀ ଜୁଇ ପର୍ଯ୍ୟନ୍ତ

ପ୍ରବଞ୍ଚନାର ଇନ୍ଦ୍ରଜାଲରେ
ଛନ୍ଦି ହୋଇ
ପିଞ୍ଜରାବନ୍ଧ ପକ୍ଷୀ ପରି
ମୁଁ ଆଉଟୁ ପାଉଟୁ ହେଉଥାଏ

ଅଣ ନିଶ୍ୱାସୀ ହେଉଥାଏ
ପାଇବାକୁ ସତ୍ୟ
ପ୍ରେମର ସନ୍ଧାନ କିନ୍ତୁ ହାୟ !
ପ୍ରେମ ଦିଶେ ଶୀତୁଆ ସକାଳର କୁହୁଡ଼ି ପରି
କାଳୀ ଅନ୍ଧାରର ଅସ୍ପଷ୍ଟ ଦୃଶ୍ୟ
ସତ୍ୟ ଦିଶେ ଅଶରୀରୀ ଛାଇ ପରି

ସତ୍ୟ ଶିବ ସୁନ୍ଦର ସତେ ଅବା
ଗୋଟେ ମରୀଚିକା
ସମାଜର ମରୁବାଲି
ମରୁଦ୍ୟାନ ଆଶା
ଉଜ୍ଜୀବିତ କଲା ପରି
ମୁଁ ଅପେକ୍ଷାରେ ରହେ
ବଞ୍ଚିବାକୁ ଛଳନା ଜୀବନ ଶୂନ୍ୟ
ସତ୍ୟ ଶିବ ସୁନ୍ଦରରେ ପୂର୍ଣ୍ଣ ।

■

ଭାବନା ଏକ ବର୍ଷଣ ରାତ୍ରୀର

ଗ୍ରୀଷ୍ମର ନିପୀଡ଼ନ ପରେ
ବାଜାରୋଷଣୀ ବିଜୁଳି
ଘଡ଼ ଘଡ଼ି ସହ
ସାଧବ ବୋହୂଙ୍କ ବାରାତ୍ ଆଣି
ଆସିଥାଏ ବର୍ଷା
ସଭିଙ୍କୁ ପୁଲକିତ କରି

ଟିଣ ଛାତରେ ତୋଳି ସିମ୍ଫୋନୀ
ସାରା ରାତି
ଆଣି ଦିଏ ଅପୂର୍ବ ରୋମାଞ୍ଚ
ଭାବ ପ୍ରବଣତା
ମିଳନ ମନସ୍କତା ପ୍ରେମ ମନସ୍କତା
ଆଉ ଦୈହିକ ଉଷ୍ମତା
କାବୁ କରେ ଆପେ ଆପେ
ମେଲାଇ ଦିଏ ସଇତାନୀ କାୟ ।

ବର୍ଷା ଧରି ଆସେ ସଙ୍ଗେ
ସମାଜବାଦ ଓଁ କାର
ସମସ୍ତେ ଏବେ
ନଭଶ୍ଚୁମ୍ବୀ ଅଟ୍ଟାଳିକା
ଝୁମ୍ପୁଡ଼ି ବରଡ଼ା ଘର ଏକାକାର

ବରକୋଳିଆ ଟୋପା
ବର୍ଷା ଆଉ କୁଆପଥର
ଚତୁର୍ଦ୍ଦିଗେ ଖେଦି ଯାଏ
ନକରି କେବେ ପ୍ରଭେଦ ପ୍ରକାର

ଆଲୋକ ରୋଷଣୀ
ବାଜା ବାଣ ସହ
ମେଘଡମ୍ବରୁ ବଜ୍ର ନିର୍ଘୋଷ ଗର୍ଜନ
ମୁହୂର୍ତ୍ତେ ଥରାଏ ଛାତି
ହେଉ ପଛେ କ୍ଷଣିକର ଭିତି
ମାତ୍ର ନିଦାଘର ତୃଷାର୍ତ୍ତ ଚାତକ
ଆନନ୍ଦରେ ନାଚି ଉଠେ
ପାଇ ସୁଶୀତଳ ବର୍ଷା ଜଳ ସ୍ପର୍ଶ

ଚାରିଆଡ଼େ ବର୍ଷା
କଳାଘୁମର ବାଦଲ
ବିଲ ପାହାଡ଼ ବାଉଁଶ ବଣ
ତାଳ ଗଛରେ ବାଇ ଚଢ଼େଇ ବସା
ରାତ୍ରିରେ ବିଜୁଳିର ଲୁଚକାଳୀ ଖେଳ
ମଧ୍ୟେ ମଧ୍ୟେ ହାବୁକାଏ କାଲୁଆ ପବନ
ବୁଣି ଦିଏ ହୃଦୟରେ
ପ୍ରଣୟର ମାୟାଜାଲ

ସ୍ୱପ୍ନରେ ଆଣିଦିଏ
ଚିତ୍ରପଟ ମେନକା ଉର୍ବସୀ
କରିଦିଏ ସଦ୍ୟ ପ୍ରସ୍ଫୁଟିତ
ପୁଷ୍ପ ପରି ତାଜା

ପ୍ରେମିକା ଅଭିସାରର
ଯେତେ ସବୁ ଦସ୍ତାବିଜ
ସବୁଜ କ୍ୟାନଭାସ
ଗୋଲାପୀ ପାଖୁଡ଼ା ମତୁଆଲା ଆଖି

ସକାଳର ପାଣିଚିଆ ଖରା
ସ୍ୱପ୍ନକୁ କାକର ପରି
ମିଳେଇ ଦେଇ
ଚୁପି ଚୁପି କାନ ପାଖେ କହେ
ସ୍ୱପ୍ନ ଏକ ନିର୍ଦ୍ଦୟା ତରୁଣୀ
ଏକ ମରୁ ମରୀଚିକା ।

ମନେପଡ଼େ

ଶୟନ କକ୍ଷର ଝର୍କା ରେଲିଂ ଦେଇ
ଭାସି ଆସେ ଇନ୍ଦ୍ରଧନୁ ବର୍ଣ୍ଣାଳୀ
ମୌସୁମୀ ଲୁଚକାଳୀ ଖେଳ
ବର୍ଷା ମନସ୍କ ଭାବନା
ତନୁ ମନେ ଶିହରଣ

ସାରା ରାତି ରିମ୍ ଝିମ୍ ବର୍ଷା
ମନରେ ଅନେକ ବେପଥୁ
ଫେବିକଲ ଅଠା ଭଳି ଲାଖିଯାଏ
ମୋ ଦେହେ ମୋ ଅତୀତ

ପଡ଼ିଶା ଘର ଚାଳ
କଖାରୁ ଫୁଲ ରଙ୍ଗ
ରୋଷେଇ ଧୁଆଁର
ସରୀସୃପ ଗତି
ଆମ୍ବ ତୋଟାରେ
ଅପସରି ଯାଏ

କୋଇଲିର କୁହୁତାନ
ଦୂର ପାହାଡ଼ ଆଢୁଆଳେ
ସ୍ତିମୀତ ଆଲୋକ
ଅସ୍ତଗାମୀ ସୂର୍ଯ୍ୟ
ଗୋଧୂଳିରେ ଗାଈଆଳ ପିଲା
ଘର ଲେଉଟାଣି ଉଚ୍ଚାଟ ବଂଶୀ ସ୍ୱନ
ମତୁଆଲା ଗୀତ
ଆଜି ସବୁ ଇତିହାସ
ବିସ୍ମୃତ ଉପେକ୍ଷିତ
କାଳର କରାଳ ଗର୍ଭରେ
ହଜି ଯାଇଥିବା ସ୍ମୃତି
କଳଙ୍କିଲଗା ପ୍ରତ୍ୟାଖାତ
କେମିତି ହେବ ସମ୍ଭବ ?
ଇତିହାସ ପରା ଆଗମନ ପ୍ରସ୍ଥାନର
ଅନନ୍ୟ ଦସ୍ତାବିଜ
ସାମୟିକ ପୁଲକ ମାଧ୍ୟମ

ଆଜି କିନ୍ତୁ ସବୁ ଓଲଟ ପାଲଟ
ସାପ କାତି ଛଡ଼ାଇବା ପରି
ବଦଳିଛି ଆଜି ଗାଁ ଦାଣ୍ଡ
ସଂସ୍କୃତି ଲୁପ୍ତ ପ୍ରାୟ
ନାହିଁ ସେ ଭାଗବତ ଟୁଙ୍ଗି
ଅବା ଶରତ ରାସ
ଦୁର୍ଗାପୂଜା କାଳିକା ନାଟ
ଅବା ରଜଦୋଳି ସାଇଯାତ

ଏବେ ଅଛି ଖାଲି
କାଷ୍ଟିଂ କାଉଚ୍

ଗଣ ଦୁଷ୍କର୍ମ ଚିଟ୍‌ଫଣ୍ଡ
ଧନୀ ହେବା ଦୁର୍ବାର ପ୍ରୟାସ
ମୁଖ୍ୟ ସ୍ରୋତେ ସାମିଲ ପାଇଁ ଇଚ୍ଛା
ଅନୈତିକ କର୍ମ
ମୂଷା ଦୌଡ଼ କାଦୁଅ ଫିଙ୍ଗା
ଅର୍ଥ ଲାଳସା ମାଂସ ପିପାଶା ଦେହ ବିକ୍ରି
ଅନ୍ୟାୟ ଅନୀତି ଶୋଷଣ ଦୁର୍ନୀତି
ଯେତେ ସବୁ କୁସ୍ମାରଟନା
ମିଥ୍ୟା ପ୍ରବଂଚନା

ଏଠି ଏବେ ବର୍ଷା ନାହିଁ
ଅଛି ଖାଲି ଅହଂକାର ଝଞ୍ଜା
ଈର୍ଷାର ସୁନାମୀ
ବସ୍ତୁବାଦୀ ଦର୍ଶନ
ମାନବିକତାର ମରୁଡ଼ି
ସହଯୋଗର କବର
ଉଲ୍ଲସିତ ଆଖିମାନେ
ଉଦ୍‌ଭାସିତ ମୁଖ ମାନେ
ଉତ୍‌କୀର୍ଣ୍ଣ କରନ୍ତି ବିଭୋର ସ୍ୱପ୍ନ
ଗୋଲାପି ଭବିଷ୍ୟ
ଏସବୁ କି ହେବେ ସହାୟକ
ଫେରାଇ ଆଣିବାକୁ
ସ୍ୱର୍ଣ୍ଣାଭ ଅତୀତ ?
କେଜାଣି କେବେ ?
ମାତ୍ର ଆଜି ସର୍ବେ ସନ୍ଦିହାନ ।

ଫେରିଯାଅ

ଆମେ ସଭିଏଁ ଜାଣୁ
ମୁଦ୍ରାର ଦୁଇଟି ପାର୍ଶ୍ୱ
ହେଡ଼ ଆଉ ଟେଲ୍

ଜୀବନ ଯଦି ହୁଏ ଏକ ମୁଦ୍ରା
କଳ୍ପିତ ପ୍ରତୀକାତ୍ମକ
ତେବେ ଥାଏ ଏଠି
ଛାଇ ଆଲୁଅର ଲୁଚକାଳି
ଆଶା ନିରାଶା
ସମ୍ପତ୍ତି ବିପତ୍ତି
ଆଲୋକ ଅନ୍ଧାର
ବିଜୟ ପରାଜୟ

ଚଲାପଥ କେବେ ଥାଏ
କୁସୁମିତ ତ କେବେ ପୁଣି କଣ୍ଟକିତ
ବାତାୟନେ ସମୀରଣ କରେ କେବେ ଆନମନା
ଆଉ କେବେ କରେ ଆଶଙ୍କିତ
ମୃତ୍ୟୁ ଘଣ୍ଟି ଦୋହଲାଇ ଅତ୍ୟନ୍ତ କାତରେ
ସଂଘର୍ଷ ସଂଘାତରେ ହେଲି ଲହୁ ଲୁହାଣ

ମୃତ୍ୟୁର ଅପେକ୍ଷାରେ ଥିଲି
ନୀତିନିଷ୍ଠ ଜଟାୟୁଙ୍କ ସମ
ହେଲେ ଧୋକା ଦେଲ ସେତେବେଳେ
କଣ ହେଲା... ଡରିଗଲ ? ମୁଁ ଜାଣେ ପରା !

ମାତ୍ର ଏବେ ତୁମେ ଅତିଥି ଅନାଗତ
ଦୁଃଖିତ ମୁଁ କରୁଛି ନିରାଶ
ଆଶା ଆକାଶରେ ସିନ୍ଦୁରା ଦିଶେ
ଦିଶେପୁଣି ଆଶା ବତୀଖୁଣ୍ଟ
ଆଲୋକର ଦୀପ୍ତି
ଦିଗ୍‌ବଳୟ ପ୍ରଶସ୍ତ ବକ୍ଷରେ
ଫେରିଯାଅ ଫେରିଯାଅ
ସ୍ଥାନ ନାହିଁ ଏଠି ତୁମ ପାଇଁ ।

■

ହାରିବ ନିଶ୍ଚୟ

ହେ ଅମୃତ ସନ୍ତାନ
ଆଜି ପରୀକ୍ଷା ସମୟ
ସିଦ୍ଧାନ୍ତ ନେବା ସମୟ
ଚତୁର୍ଦ୍ଦିଗେ ବିସ୍ତାରିତ ମହାମାରୀ କାୟା
କର୍ଣ୍ଣ ଗହ୍ୱରରେ ଗୁଞ୍ଜରିତ ଆତଙ୍କ ଓ ଭୟ

ସଭିଏଁ ବନ୍ଦ ଘର କୋଠରିରେ
ହୃଦୟରେ ବ୍ୟାକୁଳତା ମିଶିବାକୁ
ସଖା ସହୋଦରେ ବନ୍ଧୁ ପରିଜନେ
ସ୍ତିମିତ ଆଜି ସୂର୍ଯ୍ୟାଲୋକ
ଶୀତଳତା ଶୂନ୍ୟ ଚନ୍ଦ୍ରାଲୋକ

କରୋନାର କାୟା କରେ ଭୟଭୀତ
ଦିବସ ରଜନୀ ଆଜି ହରାଏ ତଫାତ
ସାରା ଦେଶ ଆଜି ସ୍ତବ୍ଧ ନିଃଶବ୍ଦ
ହୁହୁ ବଢ଼ି ଚାଲେ କରୋନା ଆକ୍ରାନ୍ତ
ବୟୋଜେଷ୍ଠ ଜେଜେ ବାପା ଦେଖୁଥାନ୍ତି ଟିଭି
ଜେଜେ ମା କହେ ସବୁ ଯେ ଅଧର୍ମ
ଅନୀତିର ଫଳ
ତଥାପି ଆମ ବିଶ୍ୱାସ
କରୋନାକୁ ଆମେ କରିବା ପରାସ୍ତ

ଅତୀତର ମହାବାତ୍ୟା ଫନୀ ସୁନାମୀ
କେଡ଼େ କେଡ଼େ ଦୁର୍ବିପାକ ହେଲେ ପରାଭୂତ

ଇତିହାସ ମୂକ ସାକ୍ଷୀ
ଧୈର୍ଯ୍ୟ ସହ କରିଛନ୍ତି ପ୍ରତିହତ
ନଅଙ୍କ ଦୁର୍ଭିକ୍ଷ ମହାମାରୀ ପ୍ଲେଗ ଭଳି
ଅସଂଖ୍ୟ ବିପତ୍ତି
ପ୍ରଦର୍ଶନ କରିଛନ୍ତି ଦୃଢ଼ ଇଚ୍ଛାଶକ୍ତି
ନାହିଁ ଡର ନାହିଁ ଭୟ କେବଳ ଅପେକ୍ଷା କର
ହାତ ଛୁଅଁ ନାହିଁ ବଜାୟ ରଖ
ସାମାଜିକ ଦୂରତା
ଆତ୍ମାର ମିଳନ ବଜାୟ ରଖ

ସନାତନ ଧର୍ମ ବାର୍ତ୍ତା ଦିଅ
ତ୍ୟାଗ ପ୍ରେମ ଶ୍ରଦ୍ଧା କର ବିତରଣ
ଆଉ ମାତ୍ର କେତେ ଦିନ
ହେବ ସବୁ ଭୟ ଆତଙ୍କର ଅବସାନ
କଳା ବାଦଲ ଯିବ ଅପସରି
ଆଶା ପ୍ରଭାକର ଝଲସିବ
ଦୂର ଦିଗ୍‌ବଳୟେ ବିଚ୍ଛୁରିତ
କରିଦେବ ସୁନେଲି ସପନ
ମୁଖରିତ ହେବ ମନ୍ଦିର ପ୍ରାଙ୍ଗଣ
ପାର୍କ ମଲ ରେସ୍ତୋଂରା ହେବ ଗହ ଗହ
ପାଇବ ଫେରି ପୂର୍ବ ତେଜ
ହେବ ଶ୍ରଦ୍ଧା ବିମଣ୍ଡିତ

ଏହା ଆମ ଦୁର୍ବାର ପ୍ରତିଜ୍ଞା କରିବୁ ସଂଗ୍ରାମ
ହେଉ ପଛେ ଲକ୍‌ଡାଉନ ସଟ୍‌ଡାଉନ
ହରାଇବୁ କରୋନାକୁ ବଢ଼ାଇବୁ ମନୋବଳ
ଫେରାଇ ଆଣିବୁ ସାମଗ୍ରୀକ ରଙ୍ଗୀନ ଜୀବନ ।

ଜୀବନ ନୌକା

ଜାଣେନା ବେଳେ ବେଳେ
ବଶୀଭୁତ କରେ ମୋତେ
ଅପୂର୍ବ ହିଲ୍ଲୋଳ
ହୋଇଯାଏ ଅଜାଣତେ ସମ୍ପୂର୍ଣ୍ଣ ବିହ୍ୱଳ

ଚକ୍ଷୁ ବିସ୍ଫାଳନ କରି ଦେଖେ
ନଈ ପଠାରେ ଗାଈର ଖୁରା ଚିହ୍ନ
ସମୁଦ୍ର ବାଲିରେ କଙ୍କଡ଼ାଙ୍କ
ଲୁଚକାଳି ଖେଳ
ବରଗଛ ମଥାନରେ ପକ୍ଷୀଙ୍କର
ଖିଚିରି ମିଚିରି

ହାଟ କରି
ଫେରୁଥିବା ପଥିକ
ଆଳାପ : ପନି ପରିବା ଆକାଶ ଛୁଆଁ ଦର
ବିପିଏଲ ଚାଉଳ ପୋଷଣର କଷଣ

ସାମନା ନଦୀ ଆଗନ୍ତୁକ ଭଳି
ମୋତେ ଚାହିଁ ରହେ
ପ୍ରଶ୍ନିଳ ଆଖିରେ

ଆକାଶରେ ମେଘ ମୁହଁ ଫୁଲାଏ
ଖୋଜିଲା ଖୋଜିଲା ଆଖି
ମୋତେ ବ୍ୟତିବ୍ୟସ୍ତ କରି ଦିଏ
ନିରୁପାୟ ହୋଇ ଯାଏ
ଆଶ୍ୱାସନା ଦିଏ
ତୁମେ ବ୍ୟସ୍ତ ହୁଅନାହିଁ
ରାସ୍ତା ବନ୍ଧୁର ହେଉ ବା ମସୃଣ ହେଉ
ଜୀବନ ନୌକାକୁ ବାହି ନିଅ
ସେତୁର ଆର ପାରି ।

ସ୍ୱର୍ଗଦ୍ୱାର କେଉଁଠି

ଆଶା ନିରାଶା ଉଠାଣି ଗଡ଼ାଣି
ଦୋଛକିରେ ଯେବେ ମୁଁ
ନିର୍ଲଜତା ପରିହାର କରି
ନିଷ୍ପ୍ରଭ ଚାହାଣୀ ନିକ୍ଷେପ କରେ
ଆଶ୍ଚର୍ଯ୍ୟ ଲାଗେ
ଜୀବନ ସ୍ରୋତର ବେଗ ଦେଖି

ରେଳଗାଡ଼ି ବା ବ୍ୟୋମଯାନ ଠାରୁ
ଆହୁରି ଅଧିକ ବେଗ
ସେଠି କେବଳ ଉଡ଼ାଣ
ଅବତରଣ ନଥାଏ ବୋଧହୁଏ
ପଛକୁ ଫେରିବାର
ସୁଯୋଗ ଖୋଜିବା ବୃଥା

କେବଳ ପାଦରେ ପାଦ ମିଶାଇ
ବେଗଗାମୀ ହେବା ଦରକାର
ନହେଲେ ପଛରେ ପଡ଼ିଯିବ
ପ୍ରବହମାନ ସ୍ରୋତର
କାହିଁ କେତେ ପଛରେ

ଅନୁତାପର ନର୍କ କୁଣ୍ଡରେ
କେବଳ ଖାଲି ଛଟପଟ ହେବା ସାର
ପଛକୁ ନଦେଖି
ସବୁ ଠିକ୍ ଭାବି
ଗତିକୁ ତର୍ଜମା ନକରି
ଫଳକୁ ଅପେକ୍ଷା ନକରି
ଏକା ନିଃଶ୍ୱାସରେ ସ୍ରୋତରେ
ଯଦି ସାମିଲ ହେବ
ସ୍ୱର୍ଗଦ୍ୱାର ପାଖେ ପହଞ୍ଚିବ
ସ୍ରୋତର ଅନୁକୂଳ ଦିଗେ
ଭସାଇ ନେବ ମନ, ଆବେଗ
ଆଉ ଯେତେ ସବୁ ଅଭିମାନ ।

ଅବ୍ୟକ୍ତ ସ୍ୱର

ଠିକ୍ ମନେ ନାହିଁ
କେବେ ଘଟିଥିଲା
ଜାଣେନା ସେଇଟା ସ୍ୱପ୍ନ ନା ବାସ୍ତବତା
ରାତ୍ରିର ନିର୍ଜନ ପ୍ରହର
କାଉ କୋଇଲି କେଉଁଠି ନିଦ୍ରାକ୍ରାନ୍ତ
ଶୁଣାଯାଏ ଏକ ଅଦ୍ଭୁତ ଶବ୍ଦ
ଏଣେ ସୁ ସୁ ନିଶାର ଗର୍ଜନ
କ୍ରୋଧାନ୍ୱିତ ଗୋଖର ସାପ
ପ୍ରତିଶୋଧ ପରାୟଣ ହୋଇ
ଗର୍ଜନ କଲା ପରି

ସମୁଦ୍ର ଢେଉ କୂଳକୁ ମାଡ଼ି ଆସିଲା ବେଳେ
ଯେଉଁ ଗର୍ଜନ ଶୁଭେ
ତା ଠାରୁ ଆହୁରି ଭୟାନକ
ଆକାଶରେ ଦେଖିଲି
ବସନ୍ତ ଋତୁରେ ଫଗୁଣ ମାସରେ
ଆମ୍ବ ଗଛରେ ଏକ ମହୁଫେଣା ପରି
ଜହ୍ନ ଦୋଳି ଖେଳୁଥିଲା ଝୁଲୁଥିଲା
ମହୁମାଛି ମାନେ ଫେଣା ଚାରିପଟେ
ଜାଗ୍ରତ ପ୍ରହରୀ ଭଳି ଜଗିଥିଲେ

ତାରାମାନେ ଯେପରି ଜଗିଥିଲେ ଜହ୍ନକୁ
ପ୍ରହରୀ ଯେପରି ରାତ୍ରିରେ ପହରା ଦିଏ
ମଝିରେ ମଝିରେ କୁହାଟ ମାରେ
ଦୂରବନସ୍ତରୁ ଡାହୁକ କୁମ୍ଭାଟୁଆଙ୍କ
କୁହାଟ ଶୁଭିଲା
ଗଗନ ପବନ ଆସ୍ତେ ଆସ୍ତେ
ମୁଖରିତ ହେଲା

ରାତି କିନ୍ତୁ ପାଣିକୁଆ ପରି
ଓଦା ଡେଣା ଖୋଲି
ଜୁଲୁ ଜୁଲୁ ଅନେଇଛି
ନିମୋନିଆ ରୋଗୀ ପରି

ପବନ ନିଷ୍କମ୍ପ ଥିଲା
ଚତୁର୍ଦ୍ଦିଗ ରୁନ୍ଧି ହୋଇଥିଲା
ଗଛପତ୍ର ସ୍ଥିର ବିଷର୍ଣ୍ଣ
ସ୍ଥିର ବାତାବରଣ ଛାତି ଚିରି
କାହିଁ କେତେ ଦୂରରୁ ଶୁଭୁଥିଲା
କାରୁଣ୍ୟର ମର୍ମଭେଦୀ ଆର୍ତ୍ତନାଦ
ପରିବ୍ୟାପ୍ତ ହେଉଥିଲା
ସତେ ଯେପରି
ଭୂମିରୁ ଭୂମା ପର୍ଯ୍ୟନ୍ତ

ଅଭୁକ୍ତ ବେଦନା ଅବ୍ୟକ୍ତ ସ୍ୱର
ଦୋହଲାଇ ଦେଲା ଅନ୍ତରାତ୍ମାର
ସଶକ୍ତ ମୂଳଦୁଆ ମୋ ଅଖଣ୍ଡ
ଆତ୍ମ ବିଶ୍ୱାସ ଉଭେଇ ଗଲା
କେବଳ ଅଜାଣତରେ

ପାଟିରୁ ବାହାରି ଗଲା
ହେ ସତ୍ୟ ଧର୍ମ ଡିଣ୍ଡିମ ଧାରି
ସତ୍ୟସନ୍ଧ ରାଜନେତା
ସ୍ୱାଧୀନତାର ସାତ ଦଶନ୍ଧି
ପରେ ମଧ୍ୟ ପ୍ରବଞ୍ଚନା
ଖୋଳପା ଭିତରେ
କଇଁଚ ଭଳି ମୁଣ୍ଡ ଦେଖାଉଥିବ
ନିର୍ବାଚନ ପ୍ରଚାର ବେଳେ

କାହିଁ ଗଲ ଗାନ୍ଧି ମହାତ୍ମା
ଆଜି ତୁମେ କାନ୍ଦୁଥିବ ଗୁମୁରି ଗୁମୁରି
ଦାୟାଦଙ୍କ କଳା କାରନାମା ଶୁଣି ।

ଆଲୋକର ଅନ୍ତରାଳେ

କାଲମାର୍କ୍ସ କଣ ଭୁଲ କହିଥିଲେ
ସ୍ୱଚ୍ଛଳ ସୁସ୍ଥ ସମାଜ ରୂପକ ଇମାରତ
ଗଢ଼ିବ ଯଦି ଅର୍ଥନୈତିକ
ମୂଳଦୁଆକୁ ଆଗେ କର ମଜବୁତ

ଏଠି କେତେ ଭଗିଆ ସାରିଆ
ମହାଜନ ସୁଧ ନେଇ
ହେଲେଣି ହାଲିଆ
କେତେ ବଳି ଦଉ ମାନେ
ଆଖିରେ ଉତ୍‌ଥାନର ପୁଟୁଳି ବାନ୍ଧି
ଅର୍ଥ ପଦୋନ୍ନତି ମରୀଚିକାର
ଲେଲିହାନ ଶିଖାରେ
ଛଟପଟ ହେଲେଣି
ଠିକ୍ ଶ୍ରାବଣ ମାସର ଝରିପୋକ ପରି

ଏଇଟା ପରା ସହରୀ ଜୀବନ
ଏଲଇଡ଼ି ଲାଇଟ ନିଅନ ଲାଇଟ୍
ଲିଚୁ ଲାଇଟ କାହିଁ କେତେ କଣ

ଲାଇଟର ଆଢୁଆଳରେ
କେତେ ଯେ ନିରୀହା ଅନୂଢ଼ା ଝିଅଙ୍କ
ଆହୂତି ଦିଆଯାଏ କାମୁକର
କାମାଗ୍ନିରେ ଯଜ୍ଞକୁଣ୍ଡରେ

ପ୍ରଶାସକ ଏଠି ସବୁ ଧୃତରାଷ୍ଟ୍ର
ଗୋଟିଏ ସଙ୍କଳ୍ପ ଯାହା ହେଉ ପଛେ
ଆମ ଶାସକ ଦଳ କ୍ଷମତାରେ ରହୁ
ବିଦୂର ମାନଙ୍କର ଏଠି ସ୍ଥାନ ନାହିଁ
ଯୋଜନ ଯୋଜନ ଖୋଜିଲେ ବି
ମିଳିବେ କି ନା ସନ୍ଦେହ
ଶକୁନୀ ମାନେ ଏଠି ବଳିଆନ
ଚକ୍ଷୁରେ ଗାନ୍ଧାରୀ ପଟି ବାନ୍ଧି
ସବୁ ଦେଖୁ ଥାଇ ନଦେଖିବା ଛଳନା
ଯାହା ହେଉ ପଛେ କ୍ଷମତା ନ ବଦଳୁ
ଶାସକ ଦଳ ଥାଉ
ଆମ ସ୍ୱାର୍ଥ ସିଦ୍ଧି ହେଉ
ଯାହା ହେଉ ପଛେ ଶାସକ ଦଳ
କ୍ଷମତାରେ ଥାଉ ।

■

ବିକଳ୍ପର ଆଢୁଆଳେ

ସମସ୍ତେ ହେଲେ ସହର ମୁହାଁ
ଗ୍ରାମ୍ୟ ଜୀବନ ଲୁପ୍ତ ପ୍ରାୟ
ସେ ସବୁଜ ଧାନ କ୍ଷେତ ନାହିଁ
କି ସକାଳର ଶୀତୁଆ ପବନ ନାହିଁ
ଘନ କୁହୁଡ଼ି ନାହିଁ
ଆଜବେଷ୍ଟସ ଛାତରେ
ଟୁପୁରୁ ଟାପୁରୁ କାକର
ପଡ଼ିବା ଶବ୍ଦ ନାହିଁ

ଏଠି ଖାଲି ନିଃଶବ୍ଦ
ସକାଳ ହେଲେ କୁକୁର ଧରି
ପ୍ରାତଃ ଭ୍ରମଣ
ଲମ୍ବା ଚେନରେ ବନ୍ଧା
ବିଦେଶୀ କୁକୁରଟା ମାରିଛି
ସମ୍ଭ୍ରାନ୍ତ ଷ୍ଟାମ୍ପ ଏପରିକି
ପାର୍କରେ କେତେଜଣ ସେହି

କୁକୁର ଚର୍ଚ୍ଚାରେ ସମୟ କାଟନ୍ତି
କେହି ତାଙ୍କ ଲାବ୍ରାଡର ଗୁଣ
ଗାନ କରେ ତ କିଏ ତାଙ୍କ
ଆଲସେସିଆନ ଚାଳିଶା ଗାଏ
ପୁଣି ଆଉ କିଏ ଜର୍ମାନ ସେଫର୍ଡ଼ର
ମାଲିକ ଆନୁଗତ୍ୟ କଥା
ବଖାଣିଲେଣି
ସତେ ଯେପରି
ଆଉ କିଛି କଥା ହେବାର
ବିଷୟବସ୍ତୁ ନାହିଁ

ସହରରେ ନା ଜହ୍ନ ଥାଏ
ଯାହାକି ରୂପା ଥାଳି ପରି
ପୂର୍ଣ୍ଣମୀରେ ଦେଖାଯାଏ
ନା ଥାଏ ଫୁଲ ବଉଳ ବେଣୀ ଗୀତ
କୁମାର ପୂର୍ଣ୍ଣମୀର ସେ ଚମତ୍କାର
ମନ ମୁଗ୍ଧକର ଗୀତ

ଗୋଖର ସାପ ଭଳି ଫଅଁ ଫଅଁ
ହୋଇ ବିଷର ଫୁଆରା ମେଲାଇ
ହଓଡ଼ା ଚେନ୍ନାଇ ଏକ୍ସପ୍ରେସ୍ ଏଠି ଯାଏ
ଟ୍ରେନ ବାହାର ଚାକଚକ୍ୟ ଭରା
ଭିତରେ ଶୁଣାଯାଏ ଦାଦନ କ୍ରନ୍ଦନ
ମୁଖର ଭାଷା କହେ
ଆମ ପାଖରେ ଦୁଇ ବିକଳ୍ପ
ଦାଦନ ଯାଅ ନହେଲେ ଶ୍ମଶାନ ଯିବ ।

■

ନିଭୃତ ଆଳାପ

ଚତୁର୍ଦ୍ଦିଗ ଅନ୍ଧକାର ଥାଇ
ମୋ ମନର ନିଭୃତ କୋଣ
ଝୁମର ଲାଇଟ୍ ଆଲୋକ ପରି
ଆଲୋକିତ ହେଉଥାଏ

କାହା ପାଇଁ ରାତ୍ରୀ ଯଦି
ଚିରୁଗୁଣୀ ପିଶାଚୁଣୀ ଅବା
ଏକ କଳା ନାଗୁଣୀ
ଗର୍ଜେ ସୁ ସୁ ହୋଇ
ମୋ ପାଇଁ ନାଗୁଣୀ ମୁଖ ନିର୍ଗତ
ବିଷ ହୋଇ ଥାଏ ଅମୃତ

ଯେତେବେଳେ ଔଷଧରେ
ବ୍ୟବହୃତ ହୁଏ
କେତେ ମୁମୂର୍ଷୁଙ୍କୁ
କରେ ଜୀବଦାନ
ଲଭନ୍ତି ନୂତନ ଜୀବନ
ଉଷ୍ମ ଆଲିଙ୍ଗନ ପ୍ରତୀକ୍ଷା ସ୍ପନ୍ଦନ
କିଏ କହେ ରାତିଠାରୁ
ଦିନ ଶ୍ରେୟସ୍କର
ମୁଁ କହେ ଦିବାରାତି

ଏକ ସମୟର ଆପେକ୍ଷିକ ଗତି
କେବଳ ସାମାନ୍ୟ ଆଭିମୁଖ୍ୟ
ଟିକେ ଦୋହଲାଇ ଦେଲେ
ବାତ୍ୟା ପବନ ଅନ୍ୟ ଦିଗକୁ
ଢଳି ଥିବା ଗଛକୁ
ରାଜ କ୍ଷମା ପ୍ରଦାନ କଲା ଭଳି
ଦିନଠାରୁ ରାତି ବେଶୀ
ପସନ୍ଦ ଆସିବ
ଏଇ ଦେଖୁନା
ପୋଷାକ ଚୟନ
ବ୍ୟକ୍ତି ଠାରୁ ବ୍ୟକ୍ତିର ଅଲଗା

ଗୁଣିଆ ରାତ୍ରୀକୁ ଚୟନ କରେ
ପ୍ରେତାତ୍ମାକୁ ଉଡ଼ାଇ ନିଏ
ରାତିର ମଧ୍ୟ ଅନେକ
ଭଲ ଦିଗ ଅଛି
ଯେପରି ଦିନର ଥାଏ

ଦୋଷୀ ବ୍ୟକ୍ତି ଜଣେ ରାତ୍ରିରେ
ଭୁଲ ମାଗିବାକୁ ଶ୍ରେୟଷ୍କର ମଣେ
ପ୍ରେମିକ ପ୍ରେମିକାକୁ ରାତିରେ
ପ୍ରେମ ସମ୍ଭାଷଣ ଦିଏ
ଆଉ ରାତିରେ ମଧ୍ୟ
ବିଭୁକୃପା ପ୍ରାପ୍ତି ହୁଏ
ରାତି ତେବେ ଖରାପ କଣ
ଭଲ ଖରାପ ଆପେକ୍ଷିକ ଅର୍ଥ
ଚିନ୍ତାଧାରା ନିୟନ୍ତ୍ରଣ କରେ ।

କେବେ ସମାଧାନ

ରାତ୍ରିର ନିର୍ଜନ ପ୍ରହର
ଯେତେବେଳେ ସମଗ୍ର
ପୃଥିବୀ ଏକ ନିଶ୍ଚେତକ ଗ୍ରସ୍ତ
ରୋଗୀ ପରି ଶଯ୍ୟାଶାୟୀ
ଗୋଧୂଳିର ଘର ବାହୁଡ଼ା
ଗୋରୁ ପଲ ଆମ୍ଭ ତୋଟା
ହୋଇ ଆସିବା ପରି
ମୋ ମନ ଗହନରେ
କେତେ ପ୍ରଶ୍ନ ଉଙ୍କି ମାରୁଛନ୍ତି
ଠିକ୍ ଯେମିତି ଅସୁମାରୀ
ପଙ୍ଗପାଳ ଦଳ ଖାଦ୍ୟ ସନ୍ଧାନରେ
କ୍ଷେତର ସବୁ ଦିଗେ ବିଛୁରିତ

ପ୍ରଶ୍ନମାନେ ଉତ୍ସୁକ
ବିଛୁରିତ ଏଣେ ତେଣେ
ପ୍ରଶ୍ନମାନେ ଅବଶ୍ୟ
ଖୁବ ନିରୀହ ନିଷ୍ପାପ
ତାଙ୍କ ଦୟନୀୟ ପଣେ
ଆଖି କୋଣ ଭିଜା ଭିଜା
ସକାଳ କାକର ଭିଜା
ଘାସ ଫୁଲଗଛ ପରି

ମନେ ପକାଇ ଦିଏ
କେତେବେଳେ
ଲୋଟଣି ପାରା
ଓଲଟ ବୃକ୍ଷରେ ଖେଳିଲାଣି ତ
କେତେବେଳେ
ବଂଶୀର ଉଚ୍ଚାଟିତ ମାଦକତା
କଦମ୍ବ ଫୁଲର ବାସ୍ନାୟିତ
ଢଳ ଢଳ ରୂପ ଆସି
ଧକ୍କା ଦିଏ ସମୁଦ୍ରର ଢେଉ ପରି

କେତେ ଆହତ
ହିନିମାନ ବ୍ୟକ୍ତିଙ୍କ ଚିତ୍କାର
ବିଦାରି ଦିଏ ହୃଦୟକୁ
ହିରଣ୍ୟକସିପୁ ହୃଦୟ
ବିଦୀର୍ଣ୍ଣ କଲାପରି
ତେଲ ଲୁଣର
ଜଟିଳ ଜ୍ୟାମିତିରେ
କିଏ ବା ହୁଏ କ୍ଷତାକ୍ତ
ଶାଶୁ ନଣନ୍ଦଙ୍କ ଉତ୍ପୀଡନରେ
ନବବଧୂର ଆତ୍ମାହୂତି ଭଳି ଚରମ ନିଷ୍ପତ୍ତି
ଜୀବନରେ ରଙ୍ଗ
ଭରି ଦିଅ ହେ ସର୍ବମୟ କର୍ତ୍ତା

ନୂତନ ଅନ୍ଦାଜରେ ଜୀଇଁବାକୁ ଦିଅ
ଠିକ୍ ଏକ ବାଇ ଚଢ଼େଇ ପରି
ଦୁଃଖ ଶୋକର
ଚଉହଦି ପାର କରି ଦିଅ ।

■

ଜୀବନ ଯେବେ ଥକି ପଡ଼େ

ଜୀବନ ଥକି ପଡ଼ିଲାଣି
ଠିଆ ହୋଇ ଦୋଛକିରେ
ଛାଇ ଆଲୁଅ ଲୁହ ଉଚ୍ଛ୍ୱାସ
ହସ କାନ୍ଦ ପ୍ରେମ ପ୍ରତାରଣା
ପ୍ରତିଜ୍ଞା ପ୍ରବଂଚନାର
ବୁଢ଼ିଆଣୀ ଜାଲରେ
ଛନ୍ଦି ହୋଇ କେତେ ଛଟ ପଟ ହୁଏ

କଣ କଲେ ମୁକ୍ତି ମିଳିବ
ମୁକ୍ତି କେଜାଣି କେତେ ଦୂର
ହଁ ମୁକ୍ତି କାହିଁ ମିଳିବ ନି
ମିଳିବ ମିଳିବ ଏତେ ଅଥୟ କିଆଁ
କେତେ ଦାୟିତ୍ୱ ନିଭାଇ ସାରି
କୃଷ୍ଣ ମୁକ୍ତି ପାଇଥିଲେ
ଜାରା ଶବର ହସ୍ତରେ
ମାନବ ଜୀବନରେ ମୁକ୍ତି ଥାଏ

ଏଇ ଦେଖୁନ ଯୀଶୁ ମହମ୍ମଦଙ୍କ କଥା
ସେମାନେ କିପରି ମୁକ୍ତି ପାଇଲେ
ସବୁ ସମୟର ଖେଳ
ଜୀବନ ପଶାପାଲିରେ
ବାଘ ଛେଳି ଗୋଡ଼ା ଗୋଡ଼ି
ରାଜାକୁ ହସ୍ତୀ ଚେକ୍ ଦେଲାଣି
କେତେବେଳେ ମନ୍ତ୍ରୀକୁ ଘୋଡ଼ା ଚେକ୍ ଦେଲାଣି
ସତରେ ଜୀବନ ଚେସ୍ ବୋର୍ଡ଼ରେ
ଆମେ ସବୁ ରାଜା ମନ୍ତ୍ରୀ
ହସ୍ତୀ ଘୋଡ଼ା
ନୁହେଁ ତ ଆଉ କଣ ?

କେତେ ଯେ ସଂଘର୍ଷ
କେତେ ଘାତ ପ୍ରତିଘାତ
ସଂସାର ପାରାବାରରେ
ନୌକା ବାହିବା ବେଳେ
କେତେ ଆଶଙ୍କା କେତେ ଭୟ
ସବୁ ପ୍ରତିହତ କରି
ଜୀବନ ନୌକା ଆଗକୁ ନେବା
ନାଉରୀର ବିରାଟ ଆହ୍ୱାନ

ଧୈର୍ଯ୍ୟ ସହ ଆହ୍ୱାନ
ସୁଯୋଗରେ ରୂପାୟିତ କରେ
ଗନ୍ତବ୍ୟ ସ୍ଥଳ ସୁଗମ ହୁଏ
ପହଞ୍ଚି ସାରି ମିଳେ
ନିଆରା ଆନନ୍ଦ ନିରୁତା ସନ୍ତୋଷ ।

■

ସମ୍ପର୍କ କେମିତି

କେମିତି ଯେ କହିବି
ମୋ ହୃଦୟର ବ୍ୟଥା
ବଖାଣିଲେ ସେ ହେବ
ଏକ ବିରାଟ ଗାଥା

ମଣିଷ ହାଟ ରୂପି
ସମାଜରେ ମୁଁ ହୋଇଯାଏ
ଆକ୍ତା ମାକ୍ତା
ନିଶ୍ୱାସ ରୁନ୍ଧି ହୋଇଯାଏ
ସମସ୍ତଙ୍କ ପରି ମୁଁ ମଧ୍ୟ
ଆସିଥିଲି ଜଣେ
ସାଧାରଣ ଗ୍ରାହକ ଭାବେ
ଅତ୍ୟନ୍ତ ସରଳ ନିଷ୍କପଟ
ଅପରିପକ୍ୱ ଅନାବିଳ

କେତେ ଦିନ
ଠିକ୍ ଭଳି ଲାଗିଲା
ପରେ ଜଣା ପଡ଼ିଲା
ଅସଲ ଉଦ୍ଦେଶ୍ୟ

ଦିନ ରାତି ବ୍ୟସ୍ତ ବିବ୍ରତ
ଲୋକେ କେବଳ ଜାଣିବାକୁ
କେତେ ଲାଭ କେତେ କ୍ଷତି

ନିଜ ନିଜ ଲାଭ ପାଇଁ
ସମ୍ପର୍କ ତିକ୍ତ କରିବାରେ
ଆଦୌ ବାଧା ନାହିଁ
ମଧୁର ସମ୍ପର୍କର
ସଂଜ୍ଞା ଆଜି ଖୋଜିଲେ ବି ମିଳେନା
କଷ୍ଟ ଶବ୍ଦର ଅର୍ଥ
ଅଭିଧାନରୁ ମିଳିଥାଏ

ମାତ୍ର କେଉଁ ଶବ୍ଦ
ଯେଉଁମାନେ
ଚଳତ୍ ଶକ୍ତି ସହ ଆତଯାତ
ମୃତବତ୍ ସମୁଦ୍ର କଙ୍କଡ଼ା ନୁହେଁ
ଆଜି କେତେ ଖୁସିରେ
ବାଲୁକା ଶିଆରରେ
ପର୍ଯ୍ୟଟକ ପିଲା ସହ
ଲୁଚକାଳି ଖେଳ
କିଛି ଘଣ୍ଟା ପରେ
ବାଲୁକା ସମାଧି
ଠିକ୍ ଯେମିତି
ମଧୁର ସମ୍ପର୍କ ଭାଗ୍ୟରେ ଘଟିଥିଲା
ସମ୍ପର୍କ ଆଜି ମଣିଷ ହାତର
ବାଲୁକା ଶଯ୍ୟାରେ
ମଲା କଙ୍କଡ଼ା ।

■

ଆଉ କେତେଦିନ

ଆଉ କେତେ ଦିନ ସତ କୁହ
ଛଳନାର ଖୋଳପାରେ ଥିବ
ଗର୍ବ ଅହଂକାର ହିଂସା ଦ୍ୱେଷର
ଅଳଙ୍କାର ପରିଧାନ କରିଥିବ
ମୁଁ ତ୍ୱ ର ମୁକୁଟ ପିନ୍ଧି
ସଫଳତାର ଡିଣ୍ଡିମ ପିଟୁଥିବ
ଧନ ଗର୍ବ ଅର୍ଥ ଗର୍ବ
ପ୍ରତିପତ୍ତି ଗର୍ବ
ଏତେ କୋଟିର ମାଲିକାନା

ପୁଅ ଝିଅ କାନାଡ଼ା ଆମେରିକା
ବହୁରାଷ୍ଟ୍ରିୟ କମ୍ପାନୀରେ
ସମୟ ଅଭାବ ସେମାନଙ୍କର
ଫୋନ ମାଧ୍ୟମରେ କେବଳ
ଶ୍ରଦ୍ଧା ସ୍ନେହ ଆଦାନ ପ୍ରଦାନ
ସାମାଜିକତା ସେମାନଙ୍କ ଅଭିଧାନରେ
ଏକ ବିଦେଶୀ ବିଚିତ୍ରବର୍ଣ୍ଣା ଶବ୍ଦ

କକା ଖୁଡ଼ି ମଉସା ମାଉସୀ
ପିଇସା ପିଉସୀ କଥା ଉଠିଲେ
ସେମାନଙ୍କୁ ଭାବିବାକୁ ପଡ଼େ
ଏକ ନିର୍ଲଜ ମାଙ୍କଡ଼କୁ
ଘଉଡ଼େଇଲା ପରେ
ପାଚିଲା ଆମ୍ବର ପ୍ରଲୋଭନ
ସମ୍ଭାଳି ନପାରି ପୁନଃ ପୁନଃ
ଆବିର୍ଭୁତ ହେବା ପରି

ସେମାନଙ୍କ ସାମାଜିକ ପରିଭାଷା
ସ୍ନେହ ଶ୍ରଦ୍ଧା ତିତିକ୍ଷା ବା ନୈତିକ
କର୍ତ୍ତବ୍ୟ ନୁହେଁ
ଏହା କେବଳ ସୀମିତ
କେତେକ କାଗଜ ମୁଦ୍ରାରେ
ଅବା ଅତିବେଶୀରେ ଭିଡ଼ିଓ କଲ
ଭାବୋଚ୍ଛ୍ୱାସରେ ଅବା
କୃତ୍ରିମ ଉଦ୍‌ବେଗରେ

ଜାଣେ ନାହିଁ କେବଳ ମୁଁ ନୁହେଁ
କେହିବି ନୁହେଁ କେବେ ହେବ ଅନ୍ତ
ଏହି ସ୍ୱର୍ଣ୍ଣ ମୃଗ ସନ୍ଧାନ ଅବା
ମରୀଚିକା ପଛେ ଧାବମାନ
ପରିଶେଷେ କେବଳ ହତାଶା
ଆମ ଭାଗ୍ୟେ ସିନା ସାର।

■

ସମୟ ଯେବେ କଡ଼ ଲେଉଟାଏ

ସମୟ ତ ସବୁବେଳେ
କଡ଼ ଲେଉଟାଏ ନାହିଁ
ବେଳେ ବେଳେ କେବେ କେମିତି
କଡ଼ ଲେଉଟାଇ ଥାଏ

ସେତେବେଳେ ବଡ଼ ଅସ୍ତବ୍ୟସ୍ତ ଲାଗେ
ଧୁ ଧୁ ଖରାରେ
ଜୀବନ ଆଉଟୁ ପାଉଟୁ
ହେଲା ପରି
ଅସ୍ତ୍ରୋପଚାର ପରେ
ନିଶ୍ଚେତକ ପ୍ରଭାବ କମିଯିବାରେ
ଶାରୀରିକ କଷ୍ଟ ଯନ୍ତ୍ରଣା
ଅକ୍ଟୋପସ ପଞ୍ଝା ବିସ୍ତାର କଲା ପରି
ସମଗ୍ର ଶରୀରକୁ କାବୁ କରିନିଏ
ଚେଷ୍ଟା କଲେ ମଧ
ବିଫଳ ହେବାକୁ ହୁଏ

ସବୁ ଜିନିଷର ଯେପରି
ଗୋଟିଏ ନିର୍ଦ୍ଧାରିତ ଅବଧି ଥାଏ

ଯନ୍ତ୍ରଣାର ମଧ୍ୟ ଅବଧି
ସ୍ଥିର ହୋଇଥାଏ
ସମୟ ଯେବେ କଡ଼ ଲେଉଟାଏ
ମିତ୍ର ମଧ୍ୟ ଶତ୍ରୁ ଭଳି
ଆଚରଣ କରେ
ସମସ୍ତଙ୍କୁ ତାଜୁବ କରି
ଶତ୍ରୁତ ସହଜେ ଶତ୍ରୁ
ସେମାନେ ତ ସୁଯୋଗ ଉଣ୍ଟୁ ଥିଲେ
କେତେବେଳେ ତାଙ୍କର
ସେ ସୁଖର ମୁହୂର୍ତ୍ତ ଆସିବ
ଯାହାକି ଅନ୍ୟ ପାଇଁ ଦୁଃଖର ମୁହୂର୍ତ୍ତ
ଆହ୍ୱାନ ସମୟ
ଆତ୍ମ ପ୍ରତ୍ୟୟର ବେଳ

ଜଣେ ସୁଖୀ ହେଲେ
ଅନ୍ୟ ଜଣେ ଦୁଃଖି ହେବା ଥୟ
ଦୁଇଜଣ ଏକା ସଙ୍ଗେ
ଖୁସି ହେବା ପ୍ରାୟ ଅସମ୍ଭବ
କେବେ ବି ହୋଇ ନାହାନ୍ତି
କେହି ବି ଦେଖି ନାହିଁ
ଦୁଇଜଣ ଖୁସି ଏକା ସଙ୍ଗେ
ଏକା ସଙ୍ଗେ ଦେଲେ କ୍ଷତି କଣ
ଯଦି କ୍ଷତି ନାହିଁ ଲାଭ ତ ନିଶ୍ଚିତ
ତେବେ ଦିଆଯାଉ ଖୁସି ସମସ୍ତଙ୍କୁ ।

■

ଚକ୍ରବ୍ୟୂହ

ଏତେ ବିଶାଳ ସଂସାରରେ
ଦାମି କୁଆଡ଼େ ଯିବ
ଟ୍ରାଫିକ ଛକରେ
ବାଟ ବଣା ହେଲେ
କେହି ହେଲେ ବାଟ କଢ଼େଇ ନେବ

ଘର ଠିକଣା ଜାଣିଥିଲେ ତ ?
ଦାମି ନା ଜାଣିଛି ତାର ଘର ଠିକଣା
ନା ଜାଣିଛି ତାର ଗୋଟେ ଘର ଅଛି
ସେ ଇନ୍ଦିରା ଆବାସ ପାଇ ନାହିଁ
ବାର୍ଦ୍ଧକ୍ୟ ଭତ୍ତା ପାଏ ନାହିଁ

କେବଳ ଅତୀତର ମଳିନ ଆଲୋକ
ତା ସ୍ମରଣ ଶକ୍ତିକୁ ଉଦ୍‌ଭାସିତ କରେ

କେବେ କେବେ ସେ କହେ
ଏ ବାଡ଼ିପଡ଼ା ବଉଁଶ ବୁଡ଼ା ଲୋକ ଗୁଡ଼ାକ
ଭାରି ନାଙ୍କେରା
ମୋର ସବୁ ଲୁଟି ନେଲେ
ଧନ ଯୌବନ ସ୍ୱାମୀ ପତିଆରା
ସବୁ କିଛି ନେଇ ସାରି ମଧ୍ୟ
ମନ ମାନୁ ନାହିଁ

ଘର ଡିହ ଖଣ୍ଡକ ନେବେ ବୋଲି
ନିଶା ଦେଇ ବେହୋସ କରି ଦେଲେ
ତା ପରେ ମୁଁ କିଛି ଜାଣିନାହିଁ
ସମୟର ଦୋଛକିରେ
ଆଜି ମୁଁ ଛିଡ଼ା ହୋଇ ଭାବେ

ଧର୍ମ ଯଦି ତୁମେ ସତରେ ଅଛ
ମୋ ଅତୀତ ହସ ଖୁସି ସଂସାର
ଫେରାଇ ଦିଅ ଚକ୍ରବ୍ୟୁହକୁ ଭେଦ କରି
ମୋ ଶତ୍ରୁ ମାନଙ୍କୁ ଦମନ କର
ତେବେ ଯାଇ ଦାମି ଆତ୍ମା ଶାନ୍ତି ପାଇବ
ହେଉ ପଛେ ଆର ପାରିରେ ।

■

ବଟ ବୃକ୍ଷ କହେ

ଝଙ୍କା ବରଗଛ ମୂଳେ
କଡ଼ ଲେଉଟାଇ ସମୟ କହୁଛି
କେତେ ବର୍ଷର ଇତିହାସ
ଯେପରିକି ପକ୍ଷୀରାଜ ଘୋଡ଼ା
ଚଢ଼ି ଅଶୋକ ଆସି
କାରୁବାକୀକୁ ଉଠାଇ ନେଇ
ପତ୍ନୀର ଦର୍ଜା ଦେଇଥିଲେ

କଳିଙ୍ଗ ସେନା ପାଖରେ
ନୈତିକ ହାର ମାନିଲେ
ଭଲ ପ୍ରେମିକ ଭାବୁକ ରସିକ ହେଲେ
ଯେ ଭଲ ଯୋଦ୍ଧା ହୋଇ
କଳିଙ୍ଗ ସୈନ୍ୟଙ୍କ ହୃଦୟ ଜୟ କରିବ
କଳିଙ୍ଗ ସିଂହାସନରେ ବସି ହେବ ରାଜାଧିରାଜ

ଅସମ୍ଭବ ସମ୍ରାଟ ଅଶୋକ
କଳିଙ୍ଗ ସୈନ୍ୟ ଅତୀବ ଦୁର୍ଦ୍ଧର୍ଷ
ଦୁର୍ବାର ଶପଥରୁ କେବେ
ହେବେ ନାହିଁ ବିଚ୍ୟୁତ

ସଜନା ଗଛ ପରି ଭାଙ୍ଗି ଯିବେ ସିନା
ନତ ମସ୍ତକ ହେବେ ନାହିଁ

ଦେଖିଲ ସମ୍ରାଟ ?
ଦେଢ଼ ଲକ୍ଷ ସୈନ୍ୟଙ୍କ ରକ୍ତ ବହି
ଦୟାନଦୀ ଜଳ ରାଶି ଆଜି ପୀତବର୍ଣ୍ଣ
ଧନ୍ୟ ସେ ବୀର ପୁଙ୍ଗବ
କଳିଙ୍ଗ ସେନା

ବରଗଛ କହେ ଅତୀତ ଐତିହ୍ୟ
ଐଶ୍ୱର୍ଯ୍ୟ ବୀରତ୍ୱର ଗାଥା
ଗଙ୍ଗାଠାରୁ ଗୋଦାବରୀ ବିଶାଳ
ଭୌଗଳିକ ସୀମା ସ୍ୱପ୍ନ ପରି ଲାଗେ

ବରଗଛ ମନରେ ପ୍ରଶ୍ନବାଚୀ
କାହିଁଗଲା କଳିଙ୍ଗ ବାସୀଙ୍କ
ସୌର୍ଯ୍ୟ ବୀର୍ଯ୍ୟ ସାହସ ଦାମ୍ଭିକତା
ଆଜି କଳିଙ୍ଗ
କାଳଖଣ୍ଡ ପ୍ରଭାବରେ କ୍ଳିବ ଅଥର୍ବ
ସୁପ୍ତ ଆଜି ଏକ ମୃତ ସର୍ପ ପ୍ରାୟ
ଏବେବି ସମୟ ଅଛି କିଛି ହରାଇଛ
ପ୍ରାପ୍ୟ ବି ଅନେକ ଅଛି
ଜାଗିଉଠ ସମୟ ସ୍ରୋତରେ ହୁଅ ଗତିଶୀଳ
ବଟ ବୃକ୍ଷ କହେ ।

■

ନୀଳଜହ୍ନ କେବେ ଥରେ

ଆକାଶର ବିସ୍ତୀର୍ଣ୍ଣ ଛାତିରେ
ଯେତେବେଳେ ଜହ୍ନ ଦେଖେ
ହୃଦୟ ସ୍ପନ୍ଦନ ବେଗ
ଅଚାନକ ବଢ଼ି ଯାଏ

କିଟିକିଟି ଅନ୍ଧାର
ଚତୁର୍ଦ୍ଦିଗ ନୀରବ ନିଷ୍ପନ୍ଦ
କୃଷ୍ଣକାୟ ବିଶାଳ ଆକାଶର
ସ୍ପର୍ଦ୍ଧିତ ବକ୍ଷରେ
ସତେକି ଏକ ରୌପ୍ୟ ପଦକ
ଲମ୍ବି ଆସିଛି ଏକ ପୁରସ୍କାର ପରି

କଣ ପାଇଁ ରାତ୍ରୀ ହୁଏ ପୁରସ୍କୃତ
ହେବ ନାହିଁ କାହିଁକି ?
ଚନ୍ଦ୍ରମା ଆଗମନରେ
ସାରା ଆକାଶରେ ଔଜଲ୍ୟ
ଚମତ୍କାର ଆଭା କେତେ ଉତ୍ସାହ

କେତେ ପ୍ରେମୀ ଯୁଗଳ
ପ୍ରେମ ବନ୍ୟାରେ ପ୍ଲାବିତ
କୁଆ କୋଇଲି
ପ୍ରାତଃକାଳ ଭ୍ରମରେ
କାକଳିରେ ବ୍ୟସ୍ତ
ଯେପରି ନିର୍ବାଚନୀ ପ୍ରତିଶ୍ରୁତିରେ
ପଲ୍ଲିରୁ ଦିଲ୍ଲୀ ପ୍ରକମ୍ପିତ
କେତେ ମିଥ୍ୟା ପ୍ରତିଶ୍ରୁତି
ଭୋଟ ଗଣ୍ଡିକ ହାତେଇବା ପାଇଁ

ମରୁଭୂମିରେ ମରୁଦ୍ୟାନର ଭ୍ରମ
ଆଣିଦିଏ ଅନେକ ଆଶା ଉଦ୍ଦିପନା
ହେଉ ପଛେ ସେ ସବୁ ପ୍ରବଞ୍ଚନା
ଅଳିକ ଆନନ୍ଦ ତ ମିଳେ

ଜହ୍ନ ମଧ୍ୟ କ୍ଷଣସ୍ଥାୟୀ
କେବଳ ପୂର୍ଣ୍ଣିମା ରଜନୀର ରାଣୀ
ଜହ୍ନ ମଧ୍ୟ ଅଳୀକ ସୁଖ ଦିଏ
ନୀଳଜହ୍ନ କିନ୍ତୁ ଆଣିଦିଏ
ନିଆରା ସ୍ୱର୍ଶ ଚୁମ୍ବକୀୟ ଆକର୍ଷଣ
ବ୍ୟବଧାନ ଅଧିକ ହେଲେ ମଧ୍ୟ
ନୀଳ ଜହ୍ନ କେବେ ନା କେବେ
ହେବ ଦୃଶ୍ୟମାନ
ସବୁ ସମସ୍ୟାର ହେବ ସମାଧାନ ।

ମିଛୁଆ ରାଜା

ଅଭାବ ଅନାଟନର ଅନ୍ଧଗଳିରେ
ବାଟ ଚାଲୁ ଚାଲୁ ମିଛୁଆ ଥକି ପଡ଼ିଲା
ଥକି ସିନା ପଡ଼ିଲା ସେ
କେବେ ଦିଗହରା ହୋଇନି
ସ୍କୁଲ ନଯାଇ ଝାଟୁଆ ନନା ବାଡ଼ିରୁ
ପିଜୁଳି ଆମ୍ବ ଚୋରି କରିବା
ସାଙ୍ଗମାନଙ୍କ ସହ ତୋଟାରେ
ଡାବର ପୁଆ ଖେଳିବା
ଏସବୁ ମିଛୁଆ ସଂସାରରେ
ଚିରନ୍ତନ ସତ୍ୟ

ସ୍କୁଲ ଛୁଟି ସମୟରେ କ୍ଳାନ୍ତ
ଅବସନ୍ନ ହେବାର
କେତେ ଯେ ବାହାନା
ମା କହିବେ
କଣ ଆଜି ସ୍କୁଲ ଯାଇଥିଲୁ
ମିଛୁଆ କେବେ ନା କହେନି
ସବୁ କଥାରେ ହଁ ହଁ ପୁଣି ହଁ

ସତେ ଯେପରି ଜଣେ ରାଜ ନେତା
କଥାରେ ଅଛି ରାଜ ନେତା
ସବୁ ବେଳେ ପ୍ରତିଶ୍ରୁତି ଦିଅନ୍ତି
ବା ଦେଇଥାନ୍ତି
ମାତ୍ର କେତେ
ପୂରଣ ହୁଏ
ବୋଧହୁଏ ମୋଟେ ନୁହେଁ
ତଥାପି ରାଜନେତାଙ୍କର
ସମାଜରେ ପ୍ରତିଷ୍ଠା

ମିଛୁଆର ପ୍ରତିଷ୍ଠା କଣ କମ୍ କି ?
କାହିଁକି ଆଉ କମ୍ ହେବ
ମିଛୁଆ ଆମ ବିଧାୟକ ସତ୍ୟବାଦୀ ବାବୁ
ଦୁହେଁ ପ୍ରାୟତଃ ଏକା ପରି

ସତ୍ୟବାଦୀ ବାବୁ
ଅଖଣ୍ଡ କ୍ଷମତାରେ ମୋହଗ୍ରସ୍ତ
ମିଛୁଆ ଅଖଣ୍ଡ ଲୋକପ୍ରିୟତା ରେ ମଦମତ୍ତ
ସାଙ୍ଗମାନେ କେବେ ବି ପାଖରୁ ଛାଡ଼ନ୍ତି ନି
ଦାରିଦ୍ର୍ୟର କଷାଘାତରେ ଜର୍ଜରିତ
ବନ୍ଧୁତାର ମଲମ
ସବୁ କିଛି କରେ ଆରୋଗ୍ୟ

ସାଙ୍ଗମାନେ ବଡ଼ ବଡ଼ ହୋଟେଲକୁ ଡାକନ୍ତି
ମିଛୁଆ ତ କେବେ ମନା କରେନି
କହେ ଏ ସତ୍ୟବାଦୀ ବାବୁ
କେତେ ଗାଳି ଖାଉଛନ୍ତି
ଆମକୁ କିଏ ଗାଳି ଦେବ

ଆମ ସ୍ୱପ୍ନ ରାଜ୍ୟର ଆମେ ରାଜା
କେବଳ ଯାହା ବାପାଙ୍କୁ ଡର
କେବେ କେମିତି କରନ୍ତି ବେତ ପ୍ରହାର।

ସ୍ମୃତିରେ ସୁଧାର କେବେ

ଅନେକ ଦିନର ବ୍ୟବଧାନରେ
ଜହ୍ନ ରାତି ଆଣିଦେଲା ଅପୂର୍ବ ପୁଲକ
ବ୍ୟବଧାନର ଅନେକ କାରଣ

ଅଫିସ କାମର ପ୍ରଚଣ୍ଡ ଚାପ
ସୋରିଷ କଳରେ ଚାପି ହୋଇ
ତେଲ ବାହାର କଲା ପରି
ମୁଁ ଥିଲି ସମ୍ପୂର୍ଣ୍ଣ ଚାପଗ୍ରସ୍ତ

ଆଜି ଏ କାମ ଦିନକରେ କର
କାଲି ସେ କାମ ନିର୍ଭୁଲ ଭାବେ
କରି ଆଣି ଦେଖାଅ
ମୁଁ ଯେପରି ଏକ କାରଖାନାର ମେସିନ୍
ମୋର କାମ କେବଳ
ବସ୍‌ଙ୍କୁ ଖୁସି ରଖିବା

ଚାକିରି କରି ମୁଣ୍ଡ ବିକି ଦେଲେ
ଯାହାହୁଏ ଉପନିବେଶବାଦୀ
ବ୍ରିଟିଶ ଶାସନ ବେଳେ
ଲୋକେ ଯାହା
ହଇରାଣ ହରକତ ହେଉଥିଲେ

ଆଜି ଏତେ ବର୍ଷର
ସ୍ୱାଧୀନତା ପରେ
ଯନ୍ତ୍ରଣା କୋଉ କମ୍ କି ?
କେମିତି ବା ହେବ
ଏକ ସାଧାରଣ କଥା

ସେହି ପୁଞ୍ଜିବାଦୀ ଆଭିମୁଖ୍ୟ
ସେହି ବୁରୁଜ୍ୱା ବିଳାସ ବ୍ୟସନ
ସେହି ମଦ କେବଳ ନୂଆ ବୋତଲ
ମାର୍କ୍ସବାଦୀ ଚିନ୍ତାଧାରାର ପରିପନ୍ଥୀ
ଧନୀ ଦରିଦ୍ର ଭେଦ ଭାବ ଦୂରୀକରଣର
ଉପାୟ ଆଜି ସ୍ୱପ୍ନ ସବୁଦିନେ
ଅନ୍ଧକାର ନୈରାଶ୍ୟର ଘୋର ଅନ୍ଧକାର

ଆଶାର ଖଦ୍ୟୋତ କାହିଁ କେତେ ଦୂରେ
କେଉଁ ଘାସ ବଣରେ ଲୁକ୍କାୟିତ
କେବଳ ଭାଷଣ ବାଜି ସାର
ଦାରିଦ୍ର୍ୟ ଦୂରୀକରଣ
କୃଷକ ସଶକ୍ତିକରଣ
ଆତ୍ମ ନିର୍ଭର ଭାରତ
ବିକଶିତ ଭାରତ
ଆହା କେତେ ସୁନ୍ଦର ଶ୍ରୁତି ମଧୁର
ମାତ୍ର ବାସ୍ତବ ଚିତ୍ର ମରୀଚିକା ସାର
କେବେ ସୁଧୁରିବ ସ୍ଥିତି
ମୋତେ କଣ
ସମସ୍ତଙ୍କୁ ଅଜଣା
ଗବେଷଣା ହେଉ ।

■

ସଦ୍‌ବୁଦ୍ଧି ଦିଅ

ରାତି ଯେତେବେଳେ
ବାଣ ରୋଷଣୀ ନେଇ ଆସେ
ଚଢ଼େଇଙ୍କ କିଚିରି ମିଚିରି
ଗାଈ ମାନଙ୍କର ଲେଉଟାଣି ହମ୍ବାରଡ଼ି
ଗାଳଆଳ ପିଲା ବେସୁରା ସଙ୍ଗୀତ

ଚାଷୀ ବାପୁଡ଼ା ହଳ ଲଙ୍ଗଳ ଧରି
ଡାଇଁଆ ବାଇଁଆ ନାଲା କସରାଙ୍କ
ସହ କେତେ ଗପ କରି
କହୁଥାଏ ଆଜି
କୋଳଥ ଖୁଆଇବି ରେ
କସରା ମୋ ସୁନାଟା ପରା
କାଲି ଟିକିଏ ଭଲ କରି ନାଲା ସାଙ୍ଗେ
ଭିଡ଼ି ଦେବୁ ତିନି ମାଣିଆ ଟା ଦୋଅର ସରିଯିବ

ଇନ୍ଦ୍ର ଦେବତା କେତେବେଳେ
ପ୍ରସନ୍ନ ହେବେ ନା ତୁ ଜାଣୁ ନା ମୁଁ ଜାଣେ
ଜାଣେ ତ କେବଳ ଉପର ବାଲା

କେମିତି ନଜାଣିବ
ତା ରାଜ୍ୟରେ କଣ ହେଉଛି
କେଉଁଠି କଣ ହେଉଛି
ସବୁର ଟିକି ନିଖି
ଖବର ରଖୁଛି ଟିଭି ସାମ୍ବାଦିକ ପରି
ଟିଭି ସାମ୍ବାଦିକ
କେବେ କେବେ ସବୁ ଖବର
ରଖି ପାରେନା
ମାତ୍ର ଉପର ବାଲା ଯାଦୁ ଛଡ଼ି ଧରି
ସବୁ କିଛି କରାଗତ କରିଛନ୍ତି

ରୁକ୍ମିଣୀ କଥା କଣ ଜାଣି ପାରୁନ
ରାତ୍ରୀ ଆଗମନରେ ସଭିଏଁ
ବିଶ୍ରାମ ମନା ହୁଅନ୍ତି

ରୁକ୍ମିଣୀ ରୋଷେଇ ବାସ ସାରି
ମୁଣ୍ଡରେ ପେନ୍ଥାଏ ରଜନୀଗନ୍ଧା
ପେନ୍ଥାଏ ତାସକେଣ୍ଟା
ଫୁଲ ମାରି ରଘୁଆ ଆସିବା ବାଟକୁ ଅନେଇଥିବ

ପେଟେ ମଦ ପିଇ ରଘୁଆ ଢଳି ଢଳି
ଜଗନ୍ନାଥ ପହଣ୍ଡି ବିଜେ କଲା ଭଳି ଆସିବ
ରୁକ୍ମିଣୀ ଜୁଡ଼ା ଦେଖି ଚୁଟି ଧରି ଟାଣି ଆଣି
ବିଧା ଗୋଇଠା କଷି ଦେଇ ଯିବ

ତୋ ବୋପାଠୁ ଲକ୍ଷେ ଆଣି ଆସିବୁ
ନହେଲେ ଆସିବୁନି
ମୁଁ ଆଉ ଗୋଟେ ରଖିବି

ରାଗ ଅସମ୍ମାନକୁ ଛାତି ତଳେ ଚାପି
କହେ ହେ ଭଗବାନ! ୟାଙ୍କୁ ସଦ୍‌ବୁଦ୍ଧି ଦିଅ
ଠିକ୍ ଭଗବାନ ଯୀଶୁ
କ୍ରୁଶବିଦ୍ଧ ହେବାବେଳେ କହିଲା ପରି ।

■

ଧୈର୍ଯ୍ୟ ଧରିଛି

ବସି ବସି ଅନେକ କଥା ମନକୁ ଆସିଲା
ଅତୀତ ବର୍ତ୍ତମାନର ଦସ୍ତାବିଜ
ଖେଳାଇ ଖେଳାଇ
ଯେତେବେଳେ ଆକ୍ତା ମାକ୍ତା ହେଲି
ଏକ ମଧୁର ଗୁଞ୍ଜରଣରେ ଆଶ୍ୱସ୍ତ ହେଲି
ମରୁଭୂମିରେ ଏକ ଅସହାୟ
ପଥଚାରୀ କ୍ଷଣିକ ଆନନ୍ଦ ପାଇଲା ପରି

ଏକ ମରୁଦ୍ୟାନ ଦେଖି ସାରି
କଣ ବା କରିହେବ
ଗୁଞ୍ଜରଣ ମଧୁର ହେଉ
ବା ତିକ୍ତ ହେଉ
କିଛି ଗୁଞ୍ଜରଣ ତ ହେବାଟା ଥୟ
କଂସା ବାସନରେ କିଛି ଆଘାତ ଦେଲେ
ଯେପରି ଠନ୍ ଠନ୍ ଆବାଜ ଆସେ
ସୂଚାଇ ଦେଇଥାଏ କେଉଁଠି ଆଘାତ ହେଲା
ଆଘାତ କେବେ ନା କେବେ ଆସେ
କେତେବେଳେ ଚୁପି ଚୁପି ହୋଇ ତ
କେତେବେଳେ
ବ୍ୟାଣ୍ଡ ବାଜା ବାରାତ ନେଇ ଆସେ ।

ହାତ ପାପୁଲିଟା ମୁଁ ଖୋଲି ଦେଲି
ପିଲା ଦିନୁ ମୁଁ କେବେ ହାତ ମୁଠା କରିଥିଲି
ମୋର ମନେ ନାହିଁ ମୋ ଜେଜେ ମା କହେ
ମୁଁ କାଳେ କେବେ
ପାପୁଲି ବନ୍ଦ କରିନାହିଁ

ମୋ ପାପୁଲି ଅନ୍ୟ ଶିଶୁଙ୍କ ଭଳି ବନ୍ଦ ନଥିଲା
ସବୁବେଳେ ଖୋଲା
ଯେତେ ସବୁ ମଶା ମାଛି
ମୋ ଖୋଲା ସସ୍ତଣ
ପାପୁଲିରେ କ୍ରିକେଟ ଖେଳନ୍ତି
ମୋ ବୋଉ କେତେଥର
ମୋ ହାତକୁ ପାପୁଲିକୁ
କପଡ଼ାରେ ଢାଙ୍କିବାକୁ ଚେଷ୍ଟା କରି
କେତେ ଯେ ବିଫଳ ହୋଇଛି
କହି ହେବ ନାହିଁ

ପିଲାଦିନୁ ଏପର୍ଯ୍ୟନ୍ତ
ମୁଁ ହାତ ଖୋଲା ରଖି
ଅନେଇଛି କାଳେ କିଛି ମିଳିବ ଛାମୁଙ୍କ ଠାରୁ
ଛାମୁ କାଳେ ଅନ୍ୟମାନଙ୍କ କଥା ଭାବନ୍ତି
ଏଇ ଯେମିତି ମୃଗୁଣୀ କଥା
ଗଜ କଥା ଅନ୍ୟ ମାନଙ୍କ କଥା
ମୋ କ୍ରମିକ ନମ୍ବର
ଡେରି ଅଛି ମୁଁ ଧୈର୍ଯ୍ୟ ଧରିଛି ।

■

କଳ୍ପନାରେ ସମାଜ

ସାହିତ୍ୟର କେତେ ଶକ୍ତି ସତେ
ଅଦମ୍ୟ ଦୁର୍ବାର ଅପ୍ରତିହତ ଚମତ୍କାର
ମୁଁ ଆଜି ବି ସନ୍ଦିହାନ
କଣ ପାଇଁ ଦାର୍ଶନିକ ପ୍ଲାଟୋ
ଏତେ ଖପ୍ପା ହେଲେ ସାହିତ୍ୟିକ ଠାରେ

ହଁ କାହିଁକି ବା ନହେବେ ?
ତାଙ୍କ ପାଇଁ ସାହିତ୍ୟ
ଏକ କଳ୍ପନା ପ୍ରସୂତ ହାଓ୍ୱା ଘର
ବାସ୍ତବ ଦୁନିଆ ଠାରୁ
କାହିଁ କେତେ ଦୂରେ
କଣ ଭୁଲ କହିଲେ
ଯେ କେହି କହିବ ଏକଥା

ଘର ଦୁଆର ପାଖେ ଠିଆ ହୋଇ
କଣ ଜାଣି ହୁଏ
ଭିତରେ କିଏ ଅଛନ୍ତି
କିପରି ଲୋକ ସେମାନେ

ଆଚାର ବ୍ୟବହାର କିପରି
କେବେ ନୁହେଁ
ଘର ଭିତରକୁ ପ୍ରବେଶ କରି
ମିଶିବା ପରେ
ଆନ୍ତରିକ ଆଳାପ ପରେ
ଯାହା କୁହାଯାଇ ପାରେ

ସାହିତ୍ୟ ପଠନ ପରେ
ଯାଇ ଜାଣିହେବ ଗୁଣାତ୍ମକ ମାନ
ସାହିତ୍ୟ କଳ୍ପନା ବାସ୍ତବତାର ମିଶ୍ରଣ
ପ୍ରତ୍ୟକ୍ଷ ବାସ୍ତବତା ବଦଳରେ
ଦେଇଥାଏ ପ୍ରତୀକାତ୍ମକ ଚିତ୍ର

ଗୁଣ ଗୁଣିଆ ଚିହ୍ନିଥାଏ
ବୁଝିବା ଲୋକ ବୁଝିଥାଏ
ଚରିତ୍ର ମାର୍ଜିତ କରିଥାଏ
ଅତୀତ ଆଚରଣର ଫଳ
ବର୍ତ୍ତମାନରେ ମିଳେ
ଭବିଷ୍ୟତ ମଧ୍ୟ ସଶକ୍ତ ରହେ

ସାହିତ୍ୟର ପାଠକୀୟତା ଲୋଡ଼ା
ସମାଜର ଦର୍ପଣ ହେବା ସହ
ଅନ୍ଧକାରରେ ଆଲୋକ ପ୍ରଦାନ କରେ
ତମସୋଃ ମା ଜ୍ୟୋତିଃ ର୍ଗମୟ ।

■

ଆଶା ପୂର୍ଣ୍ଣ ହେବା ପରେ

କେତେ ଯେ ଅପେକ୍ଷା ନକରିଛି
ନିଜକୁ ପଚାରେ କାହିଁକି ଏ ବିବଶତା
ଏ ବେଚୟନୀ ଏ ଉତ୍କଣ୍ଠା

ହଁ କାହିଁକି ବା ନହେବ
ସବୁବେଳେ ଆଶା ତ ବଞ୍ଚିବାର ମାଧ୍ୟମ
ଆଶା ପୂର୍ଣ୍ଣ ହୋଇଗଲେ
ଈପ୍‌ସିତ ଚିଜ ହାସଲ ହେଲା ପରେ
ସବୁ କିଛି ସରିଯାଏ

ଯେପରିକି ଏକ ପୁଷ୍ପ କଳିକା
ଭ୍ରମରର କାଉଁରୀ ସ୍ପର୍ଶରେ
ନିଜକୁ ହଜାଇ ଦେଇ
ଆତ୍ମ ତୃପ୍ତି ଲାଭ କରେ

ଶତ ଗୁଣିତ କରେ ନିଜ ସୌରଭକୁ
ସୌନ୍ଦର୍ଯ୍ୟର ପସରା ମେଲି ଦିଏ
ଗ୍ରାହକ ଦର୍ଶକ ପ୍ରେମିକ ଲମ୍ପଟ

ମାନେ ଆକର୍ଷିତ ହୁଅନ୍ତି
କେହି କେବେ ଭାବନ୍ତି
ଫୁଲର ଅନ୍ତର ବେଦନା ?
ନିଜର ଇପ୍‌ସିତ ସାଥିକୁ
ମାତ୍ର କେତେକ୍ଷଣ ପାଇଁ
ସାନ୍ନିଧ୍ୟ ଲାଭ
ଅନ୍ତରଙ୍ଗ ମୁହୂର୍ତ୍ତ ବିତାଇ
ପୁଣି ରହିଯାଏ ସାଥିହୀନ ଏକା ଏକା

ଏ ଭ୍ରମରଟା ବି କେତେ ମତଲବୀ ମ
ଏତେ ଆଟୋପ ବିଛାଇ ଆସିଲା
ଅଭିସାର ରଚିବା ଆଗରୁ
ମଧୁ ଆସ୍ୱାଦନ କରି ପଛକୁ
ଫେରି ନ ଅନେଇ ଯେପରି
ଆଉ କେଉଁ ଗ୍ରାହକ
ଅପେକ୍ଷାମାଣ ଅଛି
ହୁ ଦଷ୍ଟ ଉଡ଼ି ଚାଲିଗଲା
ପ୍ରେମର ସଂଜ୍ଞା ନଜାଣି ଆଜି କାଲିକା
ପ୍ରେମିକଙ୍କ ପରି କଣ କରନ୍ତି ସେମାନେ

ପ୍ରେମ ଜାଲରେ ଫସାନ୍ତି
ନିଜ କାର୍ଯ୍ୟ ହାସଲ କରି
ଛୁ ମାରନ୍ତି ଆଉ ଭାଷଣ ମାରନ୍ତି
ପ୍ରେମ ଅନନ୍ୟ ଚିରନ୍ତନ ଅମ୍ଳାନ ଅମର
ଆଚରଣ ଉଚ୍ଚାରଣରେ
ଆକାଶ ପାତାଳ ଅନ୍ତର ।

ତୁମେ କାହିଁ ଅଛ

ତୁମେ କାହିଁ ଅଛ
ମୁଁ ଜାଣେନା
ଭାବନା ରାଇଜରେ
ମୋର ପ୍ରତୀକ୍ଷା
କାଳେ ତୁମେ ଥିବ ଆମ ଗାଁ
ଗଉଡୁଣୀ ମାଉସୀର
ଦୁଧହାଣ୍ଡି ଟଙ୍ଗା ଶିକା ପରି
ତାଳ ଗଛରେ ଝୁଲୁଥିବା
ବାୟା ଚଢ଼େଇର ବସାରେ
ନା ଚନ୍ଦ୍ରମାର କାଳିମା ପଛରେ
ଅବା ତୁମେ ଥିବ ଫେନିଳ ଢେଉର
ଅନ୍ତରାଳେ ଅବା ସୁଉଚ୍ଚ ପର୍ବତର
କଠିନ ମାଂସପେଶୀ ଆଢୁଆଳେ
ଅବା ଶ୍ମଶାନ ଜୁଇର
ଲେଲିହାନ ଶିଖା ମଧ୍ୟରେ
କିଏ ଜାଣେ ତୁମେ ଥାଇ ପାର

ପାର୍କରେ ଫୁଲ ରଙ୍ଗ ବେରଙ୍ଗ
ପ୍ରଜାପତିଙ୍କ ବର୍ଣ୍ଣାଳୀ ମଧ୍ୟରେ
ଯେଉଁଠି ଥାଅ ମୋର ଯାଏ ଆସେ ନାହିଁ
ତୁମେ ମୋ ନିଶ୍ୱାସରେ
ହୃଦୟରେ ସ୍ପନ୍ଦନରେ
ଖାଲି ତୁମେ ମୟ,
ମୁଁ ତୁମେ ମନସ୍କ ଜାଣିଥାଅ ।

■

BLACK EAGLE BOOKS

www.blackeaglebooks.org
info@blackeaglebooks.org

Black Eagle Books, an independent publisher, was founded as a nonprofit organization in April, 2019. It is our mission to connect and engage the Indian diaspora and the world at large with the best of works of world literature published on a collaborative platform, with special emphasis on foregrounding Contemporary Classics and New Writing.

www.ingramcontent.com/pod-product-compliance
Lightning Source LLC
Chambersburg PA
CBHW060610080526
44585CB00013B/760
* 9 7 8 1 6 4 5 6 0 7 2 5 0 *